Muvaffaqiyatli talabalar

(Antalogiya)

Fayzulloyev Abramat

© Fayzulloyev Abramat
Muvaffaqiyatli talabalar *(Antalogiya)*
by: Fayzulloyev Abramat
Edition: May '2025
Publisher:
Taemeer Publications LLC (Michigan, USA / Hyderabad, India)

© **Fayzulloyev Abramat**

Book	:	**Muvaffaqiyatli talabalar**
Editor	:	Fayzulloyev Abramat
Publisher	:	Taemeer Publications
Year	:	'2025
Pages	:	140
Title Design	:	*Taemeer Web Design*

Kirish

Har bir davrning taraqqiyoti va yuksalishi bilimli, fidoyi va maqsad sari qat'iyat bilan intiluvchi yoshlar qo'lida bo'ladi. Bugungi kunda esa jamiyatimizda ilm olishga bo'lgan ishtiyoq kuchayib, har sohada muvaffaqiyatli talabalar safi kengaymoqda. Ular o'z bilimlari, tashabbuslari va mehnatsevarliklari bilan tengdoshlari uchun ibrat, katta avlodlar uchun esa faxr manbai bo'lib xizmat qilmoqda.

Mazkur antologiyada turli oliy ta'lim muassasalarida tahsil olayotgan, o'z yo'nalishida yutuqlarga erishgan va jamiyat hayotida faol ishtirok etayotgan talabalar hayoti, orzu-intilishlari va muvaffaqiyatga erishish yo'llari yoritilgan. Ushbu to'plam yoshlar uchun nafaqat ruhiy madad, balki amaliy qo'llanma bo'lib xizmat qiladi.

Fayzulloyev Abramat 2003-yil 1-iyun Qashqadaryo viloyati Dehqonobod tumanida tug'ilgan.Hozirda Iqtisodiyot va Pedagogika Unverisititeti Boshlang'ich ta'lim yo'nalishi 3-kurs talabasi. O'zbekistan yoshlar ittifoqi, Respublika oltin qanot va EVH-Kelajak volontiyorlar harakati - a'zosi. Xalqaro barqarorlik va tinchlik elchisi.Hindistinning "All India council for technical skill Development"xalqaro tashkiloti a'zosi.Qozog'iston Respublikasi "Qo'sh qanot"ijod jamg'armasining "Xalqaro xizmatlari" shuningdek, Qirg'iziston Respublikasi "Turon birligi",O'zbekiston Respublikasi "Abdulhamid Cho'lpon", va Rivojlanish va tadqiqotlar akademiayasi"Tarqqiyotga qo'shgan hissasi uchun" esdalik nishonlari sohibi.Dehqonobod tumani 10-sonli maktabda tahsil olib a'lo baholar bilan 2021- yil ushbu maktabni tugatgan.

Maktab davrida o'zining tashabbuskorligi va intiluvchanligim bilan tengdoshlaridan ajralib turganligim uchun Kamala va Kamolot YOIH maktab sardori bo'lib faoliyat yuritgan. Maktab davrida tarix faniga qiziqganim uchun tuman bosqichdan faxrli 1-o'rinni olib viloyatga chiqqan. 2022- yil Iqtisodiyot va Pedagogika Unverisititeti Boshlang'ich ta'lim yo'nalishida shartnoma asosida sirtqi ta'lim shaklida o'qishga qabul qilingan.Respublika miqyosida bir nechta formlar va konferensiyalar ishtirokchisi.Ilm olishdan to'xtamaslikni o'ziga oliy maqsad qilib olgan.

Hozirda Moldova,Turkiya,Amerika,Hindiston nashriyotlarida 1 ta mualliflik qo'llanmasi va 20 ta mualliflik antalogiya va almanaxlari 26 tadan orttiq davlatga sotuvga chiqqan.Xalqaro darajada tanlovlar g'olibi va diplomlar sohibi.Italiya,Albaniya,Hindiston,Germaniya,Birlashgan Arab Amirligi xalqaro saytlarida va Kenya,Qozog'iston,Argentina va respublikamizning "Ezgulik"elektron gazetasiga ijodiy ishlari muntazam yoritib boriladi.Qashqadaryo teleradiokanali "Fayzli kun" va "Oltin voha" dasturi mehmoni bo'lgan.16-yanvar "Xalqaro adabiyoti,sana't,madaniyat va ijtimoiy fanlar"Akademiyasiga a'zolikga qabul qilindi.

Bir bayroq ostida

Hurlikni ulug'lab mag'rur hilpirar,
O'zbek iftixori vatan bayrog'i.
Yashaydi millatlar do'st,ahil-inoq,
Sajdagoh makondir oltin tuprog'i.

Karvonni boshlaydi dovyurak sarbon,
Murodu-manzilga boshlar xalqini.
Ko'rsam der yurttini jannatmakon,
Bag'ishlar eliga umriyu qalbin.

Vatanim tinch,yurttim doimo obod,
Temuru,Boburlar,oldi dunyoni.
Bir bayroq ostida birlashti el-yurt,
Bir bayroq ostida yashnadi zamon.

✎Fayzulloev Abramat Iqtisodiyot va pedagogika univerisiteti 3-bosqich talabasi

Toshkent davlat sharqshunoslik universiteti bitiruvchisi

Umurbayev Rustam Shakirjanovich 11 noyabr 2001-yil Sirdaryo viloyati, Yangiyer shahrida tug'ilgan.

2008-yil – Toshkent shahar Olmazor tumani 242-o'rta maktabining 1-sinfiga o'qishga qabul qilindi va 2017-yilda 9-sinfini tugatdi.

2017-yil – Uchtepa tumani Toshkent shahar yuridik kollejiga o'qishga qabul qilindi va 2020-yilda "Huquqshunos" mutaxassisligini egalladi.

2020-yil – Davlat test sinovlarini muvaffaqiyatli topshirib, Toshkent davlat sharqshunoslik universiteti "Sharq mamlakatlari iqtisodiyoti, siyosati va turizm" fakulteti, "Siyosatshunoslik" yo'nalishi bo'yicha o'qishga qabul qilindi.

2024-yil - Toshkent davlat sharqshunoslik universitetini tamomlagan.

Chet tillaridan arab, ingliz va rus tilini biladi.

2021-yil 18 dekabr kunida Toshkent davlat sharqshunoslik universitetida Xalqaro arab tili kuni tadbirda faol ishtiroki etgan va tashakkurnoma bilan taqdirlangan.

2021-yil Toshkent davlat sharqshunoslik universitetida minnatdorchilik xati bilan taqdirlangan.

2022-yil 28 yanvar kunida "Raqamli marketing" onlayn kursda qatnashgan va sertifikat bilan taqdirlangan.

2022-yil 24 fevral kunida "Moral Foundations of Politics" onlayn kursda qatnashgan va sertifikat bilan taqdirlangan.

2022-yil 14 mart kunida "Global Diplomacy - Diplomacy in the Modern World" onlayn kursda qatnashgan va sertifikat bilan taqdirlangan.

2022-yil 18 mart kunida "Geopolitics of Europe"

onlayn kursda qatnashgan va sertifikat bilan taqdirlangan.

2022-yil 7 dekabr kunida Toshkent davlat sharqshunoslik universitetida "Sharqshunos talabalar festivali - 2022"da faol ishtiroki uchun sertifikat bilan taqdirlangan.

2023-yil 16 mart kunida "ОБРАЗОВАНИЕ И НАУКА В XXI ВЕКЕ" Xalqaro ilmiy jurnalda nashr etilgan ilmiy material va sertifikat bilan taqdirlangan.

2023-yil "TA'LIM TIZIMIGA QO'SHGAN HISSASI UCHUN" nominatsiyasida faol ishtiroki uchun statuetka bilan taqdirlangan.

Quyidagi kabi faxriy mukofotlar sovrindori:

"Altin Qiran";

"Xalqlar do'stligi";

"Abay";

"Jadidchilar izdoshlari";

"Millat umidi";

"Ilm-fan sohasidagi xizmatlari uchun";

"Tashabbuskor islohotchi";

"Intellektual izlanuvchi";

"Ta'lim sohasidagi xizmatlari uchun";

"Ta'lim iftixori";

"Faol tadqiqotchi";

"Eng yaxshi xizmatlari uchun";

"O'z kasbining fidoyisi";

"Yurt iftixori";

"International Scientific Researcher - 2023";

"Scientific Researcher - 2024".

«ABDULHAMID CHO'LPONNING "KECHA VA KUNDUZ" ROMANI HAQIDAGI HIKOYASI»

Annotatsiya.

Ushbu maqolada XX asr o'zbek yozuvchisi Abdulhamid Cho'lponning "Kecha va kunduz" romani syujetining badiiy jihatlari, xususan, bosh qahramonning axloqiy tavsifi, asar voqealari rivojidagi o'rni haqida so'z boradi.

Kalit so'zlar:

Cho'lpon, "Kecha va kunduz" romani, Miryoqub, Akbarali, syujet talqini.

Kirish

Har bir ishda yaxshi va dushman qahramonlar harakat qilishini hamma biladi. Cho'lponning "Kecha va kunduz" romanida ikkita salbiy qahramon bor, ular bilan ko'plab syujet intrigalari bog'langan. Ushbu maqolada men yuqorida aytib o'tilgan belgilar bilan bog'liq syujetning badiiy xususiyatlarini ochib berishga harakat qilaman.

Material va Usullar

Abdulhamid Sulaymon o'g'li Cho'lpon XX asr adabiyotining eng buyuk vakillaridan biri bo'lib, asosan "Doktor Muhammaddiyor" hikoyasi, "Yorqin" dramasi va "Kecha va kunduz" romani bilan "Adabiyot kam uchraydi" maqolasi bilan tanish. Yigirmanchi asrning birinchi yarmida ziyolilar o'rtasida mustamlakachilik zulmiga qarshi kurash kuchaydi. Bu jarayonning boshida millatning ongi va tafakkurini ko'tarmasdan biron bir natijaga erishish qiyin edi, bu esa ziyolilarning, ayniqsa Jadid yozuvchilarining shakllanishiga olib keldi. Cho'lpon nafaqat xalqni, balki adabiyot va uning saviyasini ham ko'tarmoqchi edi. Taniqli tanqidchi Ozod Sharafiddinov: "Cho'lpon 1920-yillarda yangi niqoblangan mustamlakachilikni fosh qildi, xalq uchun kishan bo'lgan turli zolim va janoblarni, erkinlik va ozodlikni tarannum etuvchi otashin she'rlarni qoraladi. Keyinchalik u odamlar hayotining turli qatlamlarini aniq aks ettirgan roman va dramalar yaratish orqali xalqning ma'naviy o'sishiga hissa qo'shdi". Chet ellik olimlar, mahalliy ziyolilar singari, Jadid harakatining asl mohiyati to'g'risida ham xuddi shunday fikrlarni bildirdilar. Agar o'sha davr adabiyotiga nazar tashlasak, ko'plab asarlar yaratilgan, ammo ularning hammasi ham saviya jihatidan sezilarli ustunlikka ega emas. Ko'plab olimlar Cho'lponning o'n olti yoshida yozgan mashhur maqolasini ta'kidlaydilar: "Ha, doimo harakatlanuvchi tanamiz uchun suv va havo qancha kerak bo'lsa, hayot tarzida har xil qora axloqsizlik bilan ifloslangan ruhimiz uchun shuncha adabiyot kerak. Agar adabiyot yashasa – millat yashaydi. Adabiyoti o'lmagan va adabiyot rivojiga intilmagan, yozuvchilarni tarbiyalanmagan xalqning oxiri bir kun kelib tuyg'ular, fikrlar va g'oyalardan butunlay mahrum bo'lib, asta-sekin inqirozga uchraydi". Uning asarlarida qanday janr yozsa, "Jadidizm" ruhida yozilgan.

Cho'lpon o'z faoliyatini she'rlar va hikoyalar yozishni boshladi va roman yozishni boshladi. Uning birinchi asari "Hamal keldi – amal keldi" 1936-yilda "Kecha va kunduz" nomi bilan nashr etilgan.

Muallif o'z asarida adolatsizlik, zulm va jaholatga to'la Turkiston hayotini badiiy aks ettiradi. Tsarizm o'zining mustamlakachilik siyosatini ochiq namoyish etdi. Uni faqat Cho'lpon asar mazmuniga kiritgan.

Miryoqub, Zebi, Akbarali, bosh qo'mondon – asar markazidagi tasvirlar va voqealar ularning atrofida sodir bo'ladi va syujetning asosini tashkil qiladi.

Yozuvchi bu qahramonlarning hayoti, fikrlari, xayollari va harakatlari orqali Turkistonni botqoqqa tortgan illatlarning oqibatlarini ko'rsatdi: ochko'zlik, ikkiyuzlamachilik, savodsizlik, jaholat, behayolik va eng muhimi, ma'naviy buzuqlik oqibatlari.

Natijalar

Xo'sh, "it" nima va uning badiiy talqini qanday?

Muallif buni uch xil talqin qiladi:

1. Akabaralining iti.

2. Miryoqubning iti.

3. Mamlakatdagi shahvat, umidsizlik va umidsizlikdan tug'ilgan "it".

Akbarali qanday odam?

"Agar belida kumush kamar, kumush tutqichli qilich va barabanchi xalati bo'lmasa, hech kim Akbaralini amaldor deb atamaydi. Uni oddiy kiyimda ko'rganlar – uni yo oddiy qishloq bolasi, yoki yetmish kishiga aloqasi bo'lgan cho'pon yoki yaylovda ishlaydigan tuya deb o'ylashadi" muallif tomonidan berilgan.

Romanda Akbaralining ichki va tashqi qiyofasi to'liq yoritilgan. U ichkilikboz, ayolparast, mustaqil ravishda hech narsa qila olmaydigan dangasa odamga o'xshaydi. Akbarali obrazi orqali yozuvchi mustamlakachini boshqarish usullarini hukmdorlar va mahalliy amaldorlar o'rtasidagi munosabatlarni ko'rsatadi. Asarni maxsus o'rgangan olim Dilmurod Quronov quyidagilarni ta'kidlaydi:

1. "Akbaralining savodsizligi uning siyosatdan chetda qolishiga kafolatdir. Agar siz arxivlarga qarasangiz, aksariyat amaldorlar savodsiz ekanligini ko'rishingiz mumkin".

2. "Albatta, Akbarali ham shaxs, ham amaldor sifatida nafratlanishga loyiqdir. Muallif ham unga bo'lgan munosabatini yashirmaydi, lekin uning nafrati oxir-oqibat Akbarizmni keltirib chiqargan muhitga qaratilgan". D. Quronov yana bir qahramonni – Miryoqubdagi ikki turdagi "itlar" ni tasvirlaydi. Birinchisi – odatiy buzuqlik, ikkinchisi – Mariya Ostrova tomonidan yo'q

qilingan "it".

Muhokama

Ko'rinib turibdiki, Cho'lpon qahramonlarini tabiiy jarayonda tasvirlash orqali u yangilanish va ijtimoiy-siyosiy islohotlar, diktatorlar zulmiga qarshi ko'tarilish zarurligini nazarda tutgan.

Miryoqub – o'zbek adabiyotida yangi qahramon. U nafaqat burjua qarashlari, balki fikrlash va tushunish istagi bilan ham ajralib turadi. Misol uchun, "imperiya" so'zining ma'nosini tushunishga harakat qilganda, deputat o'zini devorda oq podshohning surati bilan ko'rsatadi. Agar u "imperiya" oq podshoh bo'lsa va u xotinlarining qo'lida bo'lsa, demak, imperiya haqiqatan ham qulab tushayotganini tushunadi.

Bunday yaxshi sifat bilan, hatto bu "it"siz emas. Unda faqat "it" keng tarqalgan. It nafaqat oila, balki o'z so'zlari bilan aytganda, hokimga xoin, ikkiyuzlamachi, shahvatning qulidir.

"Hey, Miryoqub! Ayyor Miryoqub! Tulki Miryoqub! Shayton Miryoqub! Shahvatning quli, buzuq, sharmandali Miryoqub! Hayotingizda bir marta siz kichkina itni, ozgina, ozgina tashlab, odam bo'lish imkoniyatiga egasiz, keyin mag'rur boʻyningizni jin kabi egishni xohlamaysizmi?! Shunda ham!".

Miryoqub pul halol manbadan keladimi yoki boshqa yoʻllar bilan boʻladimi, bunga ahamiyat bermaydi. Laqab, oʻstirilgan bugʻdoyning qancha qismi uning suviga toʻkilganini va ming kishining boshiga qancha toʻkilganini ham bilmaydigan odam uchun juda foydali. Miryoqubning asosiy daromad manbai-kerak boʻlganda undan qarz oladigan qoʻmondon bilan tunash. Buni quyidagi satirik obraz tasdiqlaydi:

"Miryoqub-Miryoqub va qoʻmondon faqat Akbarali. Akbarali ismli odamning yonida hukumat muhridan boshqa hech narsa yoʻq, tuya ustidagi past zotli it, ular sarbon Miryoqub deb nomlashgan...".

Bunday takabburlik Miryoqubni koʻr qildi. Biroq, uning vijdoni Miryoqubni oqlamaydi:

"Biz Akbaralini Miryoqubdan koʻra insonparvar deb bilamiz", dedi vijdoni unga.

– "Afsuski, bu! …».

– U maqsadi yoʻlida hech qanday yomonlikdan yuz oʻgirmaydi. "U bizning ishdagi birinchi uchrashuvimiz edi", dedi u. Bizning qahramonimiz bu botqoqdan faqat bitta odam bilan uchrashuvni olib chiqadi. Mariya ismli bu rus ayol Miryoqubga erkak bo'lishga imkon beradi, dedi u.

U bilan sayohat qilganda, uning dunyoqarashi o'zgaradi va u jiddiy yigit bilan uchrashadi. Unga ergashib, u jiddiylashadi. U ilgari qilgan ishidan uyaladi. U gazetalarni o'qiydi. Qo'mondonga yozgan maktubidan qo'mondon uni "ruhiy kasal" deb o'yladi. Qanday bo'lmasin, bizning Miryoqub "it"dan xalos bo'ladi. Ehtimol, "Qunduz" bo'limida biz uni – bu iste'dodli "sart" yigitini xalqqa xizmat qiladigan kuchli ma'rifatparvar sifatida ko'rishimiz mumkin. Har holda, hozir biz uchun qorong'i.

Darhaqiqat, o'zining haqiqiy ismini ham bilmagan mahalliy amaldorning o'limi katta fojiaga aylandi. Maqsad-chor imperiyasi va uning amaldorlariga qarshi bo'lganlarni qanday jazo kutayotganini ko'rsatish.

Shu sababli, yosh va sodda Zebining so'zlari "e'tirof" deb nomlangan. Ular yovuz niyatlar uchun qurbonlik qilishdan tiyilmadilar.

Xulosa

Aslida, "it" o'xshashligi romanning bir nechta joylarida uchraydi. Aksariyat hollarda mamlakatning bir qismining ma'naviy va axloqiy tanazzulini ko'rsatish badiiy maqsaddir. "Cho'lponning buyukligi shundaki, u XX asr o'zbek adabiyotini yangi bosqichga ko'tardi. Cho'lpon ijodining birinchi tadqiqotchilaridan biri Ahmad Aliyev 1980-yillarning o'rtalarida Cho'lpon ijodining realistik kuchini ta'kidlab, uning she'riyatida hayot va san'atning keng doirasi borligini aytdi. Shuni ta'kidlash kerakki, G'arb olimlari badiiy asarning ijtimoiy mohiyatini, yozuvchining jamiyatda bo'lishi va uni turli shakllarda aks ettirishi zarurligini ham ta'kidlaydilar.

Tasdiqlash

Bir so'z bilan aytganda, Cho'lpon roman uyg'ongan davrda o'zbek adabiyotida kuchli g'oyaviy, ma'rifatli, o'lmas inson bo'lib, xalqni mustaqillikni boshlashga undagan, o'z davlatining aksi edi, dedi u. Cho'lpon mamlakatimiz mustaqillikka erishgandan keyingina adabiyotimiz safiga qaytdi. Aytishimiz mumkinki, uning "Kecha va kunduz" asari umrbod asar.

Foydalanilgan adabiyotlar ro'yxati:

1. Sharafiddinov O. "Happiness to understand creativity". T.: "SHARQ" NMAK. 2004. – 640 pages.

2. Baldauf, I. "Drawings on Uzbek literature of the XX century". T.: "Spirituality". 2001. – 72 pages.

3. Karimov N., Nazarov B., Mamajonov S., and others. "Landscapes of Uzbek literature of the XX century". I–book. T.: "Uzbekistan" publishing house. 2008. – 534 pages.

4. Chulpan A. The novel "Night and Day". T.: "SHARQ". 2000. – 288 pages.

5. Kuranov D. "Poetics of Chulpan's prose". T.: "SHARQ" NMAK. 2004. – 288 pages.

6. Aliev A. "Independence and Literary Heritage". T.: "Uzbekistan" publishing house. 1997. – 272 pages.

7. Warren, O. & Wellek, R. "Literary theory". M.: "Progress". 1978. – 328 pages.

Alfraganus University Tibbiyot fakulteti farmasevtika yo'nalishi 2-kurs talabasi Kocherova Umida Anvarovna.

"REKLAMA – DAVO EMAS": FARMATSEVTIKA SOHASIDA REKLAMA TIZIMI VA BIOETIKA ORTASIDAGI NOZIK CHEGARA

Bugungi tezkor va raqobatli dunyoda farmatsevtika sanoati nafaqat dori vositalari ishlab chiqarish, balki ularni targ'ib qilish – ya'ni reklama qilish orqali ham katta ijtimoiy va iqtisodiy ta'sirga ega. Ammo bu sohada reklama oddiy mahsulot tanishtiruvi bilan emas, balki inson salomatligi, hayoti va ishonchi bilan chambarchas bog'liqdir. Shuning uchun dorilar reklamasiga nisbatan oddiy tijorat etikasi emas, bioetika tamoyillari qoʻllanilishi zarur.

Dori reklamasining kuchi va xavfi

Tasavvur qiling: televizorda porloq tabassum bilan aytilayotgan "Yangi ogʻriq qoldiruvchi vosita sizni azobdan qutqaradi!" degan shiorni eshitgan bemor darhol unga ishonadi. Balki shifokorga bormay, oʻz holicha dori sotib oladi. Vaholanki, har bir dori vositasi – bu ikki qirrali qilich: bir tomonida shifo boʻlsa, ikkinchi tomonida notoʻgʻri foydalanish oqibatlari turibdi.

Farmatsevtik reklama aynan shu qaltis chiziqda yuradi. Uni shunchaki tijoriy soha deb boʻlmaydi. Chunki bu reklama orqali odamlar hayotini oʻzgartirish, ularni xato qarorga olib kelish yoki aksincha, toʻgʻri tanlovga yoʻnaltirish mumkin.

Bioetika nima va u nima uchun muhim?

Bioetika – tibbiyot va hayotiy qarorlar sohasida axloqiy tamoyillarni oʻrganuvchi fan. Dori reklamasida bioetik tamoyillar quyidagilarda ifodalanadi:

1. Zarar yetkazmaslik (non-maleficence): Reklama notoʻgʻri maʼlumot yoki yolgʻon vaʼda orqali odamni dorini suiisteʼmol qilishga

undamasligi kerak.

2. Foyda yetkazish (beneficence): Reklama inson salomatligini yaxshilashga xizmat qilishi, bilim beruvchi va xolis boʻlishi kerak.

3. Avtonomiya: Odamlarning ongli va mustaqil qaror qabul qilishi uchun reklama toʻliq, tushunarli va haqiqatga mos maʼlumot taqdim etishi lozim.

4. Adolat: Dori vositalari reklamasida ijtimoiy tengsizlik, stereotiplar yoki yolgʻon umidlar targʻib qilinmasligi kerak

Reallikdagi muammolar

Koʻplab mamlakatlarda, jumladan ayrim rivojlanayotgan hududlarda dori vositalari reklamalari yuqori darajada kommersiyalashtirilgan. Ayrim firmalar tomonidan:

Klinik jihatdan isbotlanmagan dorilarning "moʻjizaviy" sifatda koʻrsatilishi,

Salbiy taʼsirlar haqida umuman maʼlumot berilmasligi,

Bolalar, homilador ayollar yoki keksalar uchun xavfli boʻlishi mumkin boʻlgan mahsulotlar umumiy auditoriyaga reklama qilinishi hollari uchraydi.

Bunday vaziyatda reklama – shifo emas, balki xatoga yetaklovchi vositaga aylanib qoladi.

Nima qilish kerak?

Nazorat kuchaytirilishi zarur. Har bir reklama chiqishidan oldin bioetik va tibbiy ekspertlar tomonidan tasdiqlanishi lozim.

Ommaviy axborot vositalari mas'uliyati: Reklama joylashtiruvchi OAV sog'liq bilan bog'liq mahsulotlarga nisbatan yuqori axloqiy yondashuvni tanlashi kerak.

Aholi uchun axborot savodxonligi: Insonlar dori reklamasiga tanqidiy yondashishni, dori qabul qilishdan oldin shifokor bilan maslahatlashishni o'rganishi kerak.

Xulosa:

Farmatsevtika sohasi reklama qilinmasin, demoq noto'g'ri. Ammo u boshqa tovarlarnikidek, faqat sotuvni oshirishga emas, inson salomatligini himoya qilishga xizmat qilishi shart. Bioetika – bu reklama dunyosida unutilmasligi lozim bo'lgan kompas. Uni yo'qotgan jamiyat esa, davo izlab, zarar topishi hech gap emas.

Alfraganus universitet Tibbiyot Fakulteti Farmasevtika yo'nalishi 2-kurs talabasi Doniyorova Zulayho.

Farmasevtik bioetika : Provizor (farmasevtik xodim) ning kasbiy ma'suliyati va bemor huquqlari .

Annotatsiya :

Farmasevtik bioetika tushunchasi, farmasevtning kasbiy axloqiy majburiyatlari va bemor huquqlari . Farmasevt kasb egallari axloqiy meyorlarga rioya qilish, va etikaga amal qilishi .

Kalit so'zlar :

Bioetika , provizor, bemor huquqlari , axloqiy mas'uliyat.

Mavzuning maqsadi : Provizor ya'ni farmasevtika xodimi kasbiy faoliyatida bioetika tamoyillariga amal qilish – avvalo bemor huquqlarini hurmat qilish, oddiy, tushunarli tarzda, asta -sekin gapirish kerak , agar kerak bo'lsa , dori nomi va uni qo'llash tartibini , dozasini , qaysi vaqtda iste'mol qilishi bularning barchasini samimiylik bilan bemorga ya'ni mijozga tushinterish lozim, Aslida bioetika fani, axloqiy (etik) muammolarni o'rganadigan fan bo'lib, u inson salomatligi , huquqlari va qadriyatlariga hurmat asosida tibbiy qarorlar qabul qilish , iliq munosabatda bo'lishlikni o'rgatadi.

Farmasevtika xodimlarining faoliyatida axloqiy tamoyillar ham mavjud :

1.Hallolik – no'to'g'ri ma'lumot yoki zararli mahsulotlarni tavsiya qilmaslik.

2.Ma'suliyatlik – dorilarrni to'g'ri saqlash , yetarlicha axborotlarni yetkaza bilish

3.Maxfiylik – bemorning shaxsiy ma'lumotlarini uchinchi shaxslarga oshkor qilmaslik .

4.Tenglik – har bir bemorga e'tiborli yondashish ,

ularning imkoniyatiga qarab farqlamaslik .

Har bir bemorni hurmat qilish – har bir bemorning o'ziga xos ehtiyojlari bor va farmasevtika mutaxassisi bemorning farovonligiga hissa qo'shib , ularni hurmat qilish lozim .

Hamkasblarni qo'llab – quvvatlash va kasbiy rivojlanishni rag'batlantirsish .

Farmasevtika xodimlarining axloqiy majburiyatlari, O'zbekiston Respublikasi Sog'liqni Saqlash vazirligi qoshidagi Bioetika qo'mitasi , O'zbekiston Respublikasining Konstitutsiya, O'zbekiston Respublikasining " Fuqolar sog'liqni saqlash to'g'risida" qonuniga (1996 yilda qabul qilingan , 1999 , 2001 yillarda o'zgartirish va qo'shimchalar kiritilgan) hamda " Dori vositalari va farmasevtika faoliyati to'g'risida "gi qonuniga (1997 yilda qabul qilingan) , shuningdek Xelsinki deklaratsiyasi prinsiplariga , Balmontning " Axloq prinsiplari hamda tadqiqotlar o'tkazilyotgan odamlarni himoya qilish bo'yicha qo'llanma"siga , GCP (Good Clinical Practic) bo'yicha qo'llanmaga, JSST ning biotibbiy tadqiqotlar ekspertizasini o'tkazuvchi Etika qo'mitalariga tavsiyalariga (

2000 – 2002 yillar) , O'zbekiston Respublikasi qonun hujjatlariga , O'zbekiston Respublikasi Sog'liqni Saqlash Vazirining 2000 yil 10 iyudagi buyrug'i bilan tasdiqlangan qo'mita to'g'ridagi nizomga amal qiladi .

Bemor ya'ni mijozlar – farmasevtik xizmatning asosiy subyekti hisoblanadi Bemorlarning ham o'z huquqlari mavjud :

•Axborot olish huquqi – har qanday dori haqida to'liq , ishonchli va aniq ma'lumot olish .

•Erkin tanlov huquqi – bir nechta dori vositalaridan o'z ixtiyori bilan tanlash .

•Rozilik berish huquqi – davolash yoki dori qabul qilishdan oldin rozilik bildirish .

Xulosa :

Farmasevtik bioetika – bu kasbiy bilim bilan bir qatorda , insonparvarlik, axloqiy va mas'uliyatni birlashtiruvchi konsepsiyadir . Farmasevtlar bemorlarning sog'lig'ini tiklashda faol ishtirokchi bo'lish bilan birga , uning huquqlarini hurmat qiluvchi axloqiy shaxs bo'lishi kerak.

Foydalanilgan adabiyotlar:

1.O'zbekiston Sog'liqni Saqlash Vazirligi

farmatsiyasi sohasi bo'yicha normative hujjat .

2.Farmasevtik etik kodeksi – O'zbekiston Farmasevtika uyushmasi .

3.Qodirova D. (2021) .Bioetik asoslari.

4.Raximova Z.M , Akhmedova S.x , (2019) . Tibbiy bioetika . Toshkent ijtimoiy fanlar

5.Sagdullayev A. (2018) Bioetika va zamonaviy tibbiyot muammolari .

Sultanbayev Sanjarbek Hamdambek o'g'li Alfraganus Universiteti Tibbiyot fakulteti Davolash ishi yo'nalishi 2-kurs talabasi .

Amir Temurning zurriyodiman

Men — yurtga mehr, dushmanga qahr,

Qonimda jo'sh urar jasorat, faxr.

Yuzimda tarix, qalbimda izzat,

Amir Temurning zurriyodiman, bas!

Ot yuragida bosdim dunyoni,

Adolat bilan tutdim yoʻl, onim.

Soʻz emas, ish bilan dedim haqni,

Zolim choʻkarkan, tursa haq bayroq.

Sahrolar menga — kitob sahifasi,

Har jangda bor saboq, bor rivoyasi.

Qoʻrquv emas, kuchim — vijdon nidosi,

Sulton emasman, xalqning farzandi.

Tursunqulova Ozoda Alfraganus Universiteti Filologiya fakulteti 1 bosqich talabasi.

" Internet tilining yoshlar nutqiga ta'siri "

Zamonaviy texnologiyalar taraqqiyoti bilan bir qatorda , muloqot vositalari ham keskin o'zgarib bormoqda.Ayniqsa , internet tarmog'i va ijtimoiy media platformalari yoshlar orasida eng keng tarqalgan aloqa vositasiga aylangan."Internet tili"nafaqat,muloqot shaklini , balki tilning leksik, fonetik, morfologik va stilistik qatlamlarini ham o'zgartirmoqa.

Bugungi kunga kelib internet tili, ijtimoiy tarmoqlarda shakllangan norasmi, qisqartirilgan va ko'pincha inglizcha so'zlar aralashgan til shakliga aylanib bo'ldi.Ko'pincha,qisqartirma so'zlarni va norasmiy so'zlarimizni yoshlarimizga uchratmoqdamiz,masalan:("ok ', "lol" "brb ")inglizcha slenglar va yangi o'zbekcha so'zlar keng qo'llanilmoqda. Bu til rasmiy adabiy til me'yorlaridan farqli holda , tezkor muloqot, ifodaning qisqacha va ta'sirchan berilishi,hissiyotlarni visual vositalar orqali yetkazishga asoslanadi.Albatta,bu holat yoshlarimizni til uslubining ommalashuvi ularning og'zaki va yozma nutqiga ta'sir ko'rsatmoqda .

Eng muhimi esa yoshlarimiz orasida savodxonlik muammosi,yoshlarimiz yozma nutqda punktuatsiya va uslubga e'tibor bermasligi ko'p uchramoqd .

Xulosa qilib aytganda,tilga mas'uliyat bilan yondashish , internet tilini ijobiy yo'nalishida nazorat qilish , o'zbek adabiy tilini saqlab qolishda muhim ahamiyat kasb etadi . Internet tili yoshlar nutqini ko'rsatmoqda. U orqali til boyiyapdi, yangi ifoda shakllari paydo bo'lmoqda, ammo shu bilan birga til madaniyati,savodxonlik va adabiy norma darajasi pasayib ketmoqda.

Mansurova Maftuna Alfraganus Universiteti Farmasiya yo'nalishi 4-bosqich talabasi.

SHIFOKOR VA FARMATSEVT: HAMKORLIKDAGI MUVAFFAQIYATLI TIBBIY XIZMAT KO'RSATISH OMILLARI.

Annotatsiya:

mazkur maqolada shifokor va farmatsevtlar o'rtasidagi o'zaro hamkorlikning zamonaviy tibbiyotdagi o'rni va ahamiyati tahlil qilinadi. Sifatli va xavfsiz dori vositalarini qo'llashda ikki mutaxassisning o'zaro aloqasi, bemor manfaatini ta'minlashdagi birgalikdagi harakatlar tibbiy xizmat ko'rsatish samaradorligiga qanday ta'sir ko'rsatishi ko'rsatib o'tiladi.

Kalit so'zlar:

shifokor, farmatsevt, hamkorlik, dori vositalari, tibbiy xizmat, klinik farmasevt.

ВРАЧ И ФАРМАЦЕВТ: ФАКТОРЫ УСПЕШНОГО МЕДИЦИНСКОГО ОБСЛУЖИВАНИЯ В УСЛОВИЯХ СОТРУДНИЧЕСТВА.

Аннотация:

В статье анализируется значение сотрудничества между врачами и фармацевтами в современной медицине. Подчеркивается важность взаимной коммуникации для обеспечения качественного и безопасного применения лекарственных средств, а также совместной работы для пользы пациента.

Ключевые слова:

врач, фармацевт, сотрудничество, лекарственные средства, медицинская помощь, клиник- фармацевт.

DOCTOR AND PHARMACIST: FACTORS OF SUCCESSFUL MEDICAL SERVICE THROUGH COLLABORATION.

Annotation:

This article analyzes the importance of collaboration between doctors and pharmacists in modern medicine. It highlights the role of mutual communication in ensuring the safe and effective use of medicines and improving the overall quality of healthcare services.

Keywords:

doctor, pharmacist, collaboration, medication, healthcare, clinical pharmacist

Kirish:

Bugungi kunda tibbiyot tizimi tobora murakkablashib borayotgan bir paytda, bemor salomatligini tiklashda koʻp tarmoqli yondashuv muhim ahamiyat kasb etmoqda. Ayniqsa, shifokor va farmatsevt oʻrtasidagi oʻzaro hamkorlik sifatli va xavfsiz davolanish kafolati boʻlib xizmat qilmoqda. Dori vositalarining toʻgʻri tanlanishi, dozalanishi, muvofiqligi va samaradorligida farmatsevtning chuqur bilimi, shifokorning esa klinik qarorlari oʻzaro uygʻunlikda ishlashi zarur. Bu ikki mutaxassisning bir yoʻnalishda harakat qilishi bemorning holatini yaxshilashda muhim omil sanaladi [1].

Asosiy qism:

Shifokor — bu bemor tashxisini qoʻyuvchi, kasallikni davolash yoʻllarini belgilovchi bosh mutaxassis hisoblanadi. U bemorning umumiy sogʻligʻi, oʻtmishdagi kasalliklari, allergik reaksiyalari, dori vositalariga boʻlgan individual sezuvchanligini baholab, davo choralarini ishlab chiqadi. Biroq u tomonidan yozilgan retseptlarning samarali va xavfsiz bajarilishi farmatsevt ishtirokisiz toʻliq boʻlishi qiyin.

Farmatsevt — dori vositalarining kimyoviy tarkibi, farmakodinamikasi, farmakokinetikasi, saqlash sharoitlari, qoʻllash usullari va mumkin boʻlgan nojoʻya taʼsirlari haqida chuqur bilimga ega boʻlgan mutaxassisdir. U shifokor tomonidan yozilgan retseptlarga muvofiq dori vositalarini tayyorlaydi, ular orasidagi oʻzaro taʼsirni tahlil qiladi va muqobil variantlarni taklif etadi [2].

Zamonaviy tibbiyotda "klinik farmatsevt" tushunchasi alohida ahamiyat kasb etadi. Klinik farmatsevt — bu bemorning sogʻligʻi holatini hisobga olgan holda dori vositalarini klinik jihatdan asoslab tanlash, farmakoterapiya sifatini oshirish, davolash jarayonida xavfsizlikni ta'minlashga yo'naltirilgan mutaxassisdir. U klinik sharoitda ishlaydi va farmakoterapiyaga oid qarorlarni shifokor bilan birga qabul qiladi.

Klinik farmatsevtning asosiy vazifalari quyidagilardan iborat:

- Bemorga buyurilgan dori vositalarining to'g'ri va xavfsiz qo'llanilishini ta'minlash;

- Dorilar o'rtasidagi o'zaro ta'sir, dozani oshirib yuborish yoki nojo'ya reaksiyalar xavfini kamaytirish;

- Dorilarning individual holatlarga muvofiqligini tahlil qilish (masalan, buyrak yoki jigar yetishmovchiligi bo'lgan bemorlar uchun);

- Shifokorlarga va boshqa tibbiyot xodimlariga dori vositalari bo'yicha maslahatlar berish;

- Farmakoterapevtik monitoring olib borish va bemorning davolanish jarayonini kuzatish.

Shifokor va klinik farmatsevt o'rtasidagi hamkorlik, ayniqsa, axborot almashinuvi orqali amalga oshiriladi. Masalan, farmatsevt shifokorga quyidagi yo'llar bilan yordam beradi:

- Retseptga kiritilgan dori vositalarining

mavjudligi, ularning analoglari va zaxiralari haqida ma'lumot beradi;

- Muayyan holatlarda eng maqbul dori vositasini tanlashda ishtirok etadi;

- Dori vositalarining qabul qilingandan keyingi ta'sirini kuzatib boradi;

- Shifokor va hamshiralar uchun ta'limiy seminarlar o'tkazadi.

Bunday hamkorlik bemorga ko'rsatilayotgan tibbiy xizmat sifatini oshirishga xizmat qiladi. Ayniqsa, surunkali kasalliklarga chalingan yoki bir nechta dorilar qabul qilayotgan bemorlar uchun klinik farmatsevtning roli muhim sanaladi

Tahlil va natijalar: Tibbiyotning rivojlangan mamlakatlarida olib borilgan tadqiqotlar farmatsevt va shifokor o'rtasidagi hamkorlikning samaradorligini ochiq-oydin tasdiqlamoqda. Jumladan, Yevropa Ittifoqi hamda AQShda o'tkazilgan klinik sinovlar natijalari shuni ko'rsatadiki, farmatsevtlarning davolash jarayonidagi faol ishtiroki dori vositalari bilan bog'liq xatoliklarning 25–30% ga kamayishiga olib kelgan [3]. Shuningdek, bemorlarning sog'ayish ko'rsatkichlari 20% ga oshgan, davolanish muddatlari esa qisqargan. Dori vositalarining nojoʻya taʼsirlari esa ancha kamaygani kuzatilgan.

Oʻzbekiston tajribasida ushbu yoʻnalish endigina shakllanayotgan boʻlsa-da, ayrim tibbiyot muassasalarida, xususan, ixtisoslashtirilgan klinikalarda klinik farmatsevtlar davolash jarayonining ajralmas qismi sifatida faoliyat yuritmoqda. Bu esa sogʻliqni saqlash sohasida olib borilayotgan islohotlarning ijobiy samarasi sifatida talqin etilishi mumkin [4]. Farmatsevtlar tomonidan berilgan tavsiyalar shifokorlar uchun amaliy ahamiyatga ega boʻlib, dorilarning maqbulligini taʼminlash, bemorning holatiga mos muqobil dori vositalarini tanlash va davolashning sifatini oshirishda muhim omil boʻlib xizmat qilmoqda.

Xulosa:

Zamonaviy tibbiy xizmatda shifokor va farmatsevtning oʻzaro hamkorligi bemor manfaatlari yoʻlida eng muhim omillardan biridir. Bunday hamkorlik nafaqat tibbiy xatoliklarning oldini oladi, balki dori vositalarining toʻgʻri va samarali qoʻllanilishini, bemorning davo jarayoniga boʻlgan ishonchini kuchaytiradi. Shu bois, tibbiy ta'lim muassasalarida shifokor va farmatsevtlar o'rtasidagi hamkorlik madaniyatini shakllantirishga qaratilgan maxsus o'quv modullarini joriy etish zarur.

Foydalanilgan adabiyotlar ro'yxati:

1. Алимов Ш.Ж. Тиббиётда мулоқот ва касбий ҳамкорлик. – Тошкент: "Tibbiyot", 2020. – 112 б.

2. World Health Organization. The Role of the Pharmacist in the Health Care System. – Geneva, 2011. – P. 4–6.

3. American Journal of Health-System Pharmacy. Collaborative Drug Therapy Management: Impact on Clinical Outcomes. – Vol. 72, No. 6, 2015.

4. Тошматова М.Ф. Фармацевтик хизмат ва шифокорнинг ўзаро муносабати. // Тиббиёт илми, №2, 2021.

Toshpoʻlotova Jasmina Nuriddin qizi Shahrisabz davlat pedagogika instituti Matematika va informatika yoʻnalishi 2-bosqich talabasi. Hozirgi kunga qadar koʻpgina tanlovlarda ishtirok etgan. Xalqaro IT sertifikatlarni qoʻlga kiritgan. Hozirda 80 ga yaqin hammualliflik va yakka mualliflikdagi xalqaro va respublika jurnal, konferensiya hamda OAK maqola va tezislari muallifi. 8 ga yaqin mulkni baholash agentligi tomonidan ilmiy rahbari bilan birga qilgan loyihalari uchun mualliflik guvohnomalarini qoʻlga kiritgan.

Abduraxmanova Nozima Akbar qizi Shahrisabz davlat pedagogika instituti Matematika yoʻnalishi 1-bosqich talabasi. Hozirgi kunga qadar koʻpgina tanlovlarda ishtirok etgan va g'oliblikni qo'lga kiritgan. Hozirda 20 dan ziyod hammualliflik va yakka mualliflikdagi xalqaro va respublika jurnal, konferensiya hamda OAK maqola va tezislari muallifi. shu bilan birga "ShDPI Yosh Liderlar klubi" a'zosi.

HAVO IFLOSLANISHINING INSON SALOMATLIGIGA TA'SIRI VA OLDINI OLISH CHORALARI.

Toshpoʻlotova Jasmina Nuriddin qizi

Shahrisabz davlat pedagogika instituti

"Matematika va Informatika" yo'nalishi talabasi

Abduraxmanova Nozima Akbar qizi

Shahrisabz davlat pedagogika instituti

Matematika yo'nalishi talabasi

Annotatsiya:

Ushbu maqolada havo ifloslanishining inson salomatligiga ta'siri va uning oldini olish choralari yoritilgan. Havo tarkibiga zararli moddalar aralashishi natijasida nafas olish tizimi, yurak-qon tomir va asab tizimiga jiddiy zarar yetishi mumkinligi ta'kidlanadi. Shuningdek, immunitet pasayishi va saraton kasalliklari xavfi oshishi kabi salbiy oqibatlar ham tahlil qilinadi. Havo ifloslanishining oldini olish uchun jamoat transportidan foydalanish, yashil hududlarni ko'paytirish, sanoat chiqindilarini kamaytirish va xalqaro ekologik dasturlarga qo'shilish kabi chora-tadbirlar taklif etiladi.

Kalit so'zlar:

Havo ifloslanishi, inson salomatligi, ckologiya, atmosferaga zararli moddalar, nafas olish tizimi kasalliklari, yurak-qon tomir kasalliklari, sanoat

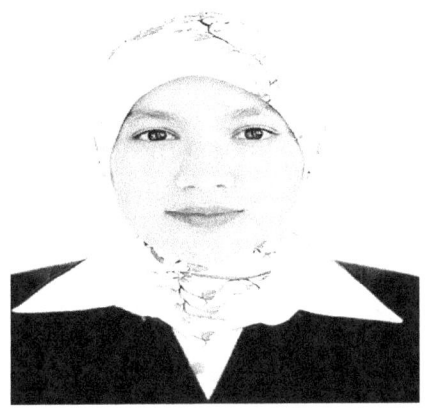

Abduraxmanova Nozima Akbar qizi Shahrisabz davlat pedagogika instituti Matematika yoʻnalishi 1-bosqich talabasi. Hozirgi kunga qadar koʻpgina tanlovlarda ishtirok etgan va g'oliblikni qo'lga kiritgan. Hozirda 20 dan ziyod hammualliflik va yakka mualliflikdagi xalqaro va respublika jurnal, konferensiya hamda OAK maqola va tezislari muallifi. shu bilan birga "ShDPI Yosh Liderlar klubi" a'zosi.

HAVO IFLOSLANISHINING INSON SALOMATLIGIGA TA'SIRI VA OLDINI OLISH CHORALARI.

Toshpoʻlotova Jasmina Nuriddin qizi

Shahrisabz davlat pedagogika instituti

"Matematika va Informatika" yoʻnalishi talabasi

Abduraxmanova Nozima Akbar qizi

Shahrisabz davlat pedagogika instituti

Matematika yoʻnalishi talabasi

Annotatsiya:

Ushbu maqolada havo ifloslanishining inson salomatligiga ta'siri va uning oldini olish choralari yoritilgan. Havo tarkibiga zararli moddalar aralashishi natijasida nafas olish tizimi, yurak-qon tomir va asab tizimiga jiddiy zarar yetishi mumkinligi ta'kidlanadi. Shuningdek, immunitet pasayishi va saraton kasalliklari xavfi oshishi kabi salbiy oqibatlar ham tahlil qilinadi. Havo ifloslanishining oldini olish uchun jamoat transportidan foydalanish, yashil hududlarni koʻpaytirish, sanoat chiqindilarini kamaytirish va xalqaro ekologik dasturlarga qoʻshilish kabi chora-tadbirlar taklif etiladi.

Kalit soʻzlar:

Havo ifloslanishi, inson salomatligi, ekologiya, atmosferaga zararli moddalar, nafas olish tizimi kasalliklari, yurak-qon tomir kasalliklari, sanoat chiqindilari, ekologik chora-tadbirlar.

Kirish.

Havo – bu inson va barcha tirik organizmlar hayotining asosi hisoblanadi. Biz nafas olayotgan havoning sifati sogʻligʻimizga bevosita taʼsir koʻrsatadi. Afsuski, zamonaviy texnologiyalar rivojlanishi, sanoat korxonalarining koʻpayishi, yoqilgʻi mahsulotlarining haddan tashqari ishlatilishi va ekologik muammolarga eʼtiborsizlik natijasida havo tobora ifloslanib bormoqda. Bu holat nafaqat atrof-muhitga, balki inson salomatligiga ham katta xavf tugʻdiradi. Havo ifloslanishi atmosferaga zararli gazlar, chang zarralari, ogʻir metallar, kimyoviy moddalar va zaharli chiqindilarning tarqalishi natijasida yuzaga keladi. Asosan, avtomobillar chiqarayotgan gazlar, ishlab chiqarish korxonalaridan ajralayotgan chiqindilar, elektr stansiyalarining yoqilgʻi yoqishi, qurilish ishlari va qishloq xoʻjaligi faoliyatlari havoning ifloslanishiga sabab boʻluvchi asosiy omillardir. Natijada, inson organizmiga zararli taʼsir koʻrsatadigan kasalliklar soni ortib bormoqda. Ayniqsa, yirik shahar aholisi havo ifloslanishidan eng koʻp zarar koʻruvchi guruh hisoblanadi.

Tadqiqotlar shuni koʻrsatadiki, havo tarkibida zaharli moddalar miqdorining oshishi nafas olish tizimi kasalliklaridan tortib yurak-qon tomir kasalliklarigacha boʻlgan turli xastaliklarning kelib chiqishiga sabab boʻladi. Xususan, havoning ifloslanishi bolalar va keksa yoshdagi insonlarga, shuningdek, surunkali kasalliklarga chalingan odamlarga koʻproq zarar yetkazadi. Shuning uchun ham bugungi kunda havo sifati muammosi jahon miqyosida dolzarb muammolardan biri sifatida qaralmoqda. Havo ifloslanishining oldini olish va uning salomatlikka salbiy ta'sirini kamaytirish uchun har bir inson ekologik muhofaza choralariga rioya qilishi, davlat organlari esa havo sifatini nazorat qilish tizimini yanada kuchaytirishi lozim. Ushbu maqolada havo ifloslanishining inson organizmiga ta'siri va uning oldini olish boʻyicha samarali choralar haqida batafsil ma'lumot beriladi.

Asosiy qism.

Havo ifloslanishining inson salomatligiga ta'siri juda katta. Havoning ifloslanishi turli gazlar, chang zarralari, ogʻir metallar va toksik moddalar orqali inson organizmiga zarar yetkazadi. Bu holat bir qancha salbiy oqibatlarga olib keladi.

Havo tarkibidagi zararli moddalar o'pka va bronxlarni zararlaydi. Astma, bronxit, surunkali obstruktiv o'pka kasalligi (SO'OK) kabi xastaliklarni keltirib chiqaradi. Chang va smog nafas yo'llarini to'sib, kislorod almashinuvini qiyinlashtiradi. Havo ifloslanishi yurak ishemik kasalligi, gipertoniya va insult xavfini oshiradi. Zararli gazlar qon aylanish tizimiga tushib, tomirlarni toraytiradi va yurak faoliyatiga salbiy ta'sir qiladi. Havo tarkibidagi og'ir metallar va toksik moddalar miya faoliyatini buzishi mumkin. Konsentratsiya buzilishi, stress, depressiya va Altsgeymer kasalligi xavfini oshiradi. Ifloslangan havo organizmning himoya tizimini zaiflashtirib, virus va bakteriyalarga nisbatan sezuvchanligini oshiradi. Bolalar va keksa yoshdagilar uchun ayniqsa katta xavf tug'diradi. Atmosfera havosidagi kanserogen moddalar (masalan, benzo[a]pirin) nafas yo'llari va o'pka saratoniga olib kelishi mumkin.

Havo ifloslanishining oldini olish va uning salbiy ta'sirini kamaytirish uchun quyidagi chora-tadbirlar amalga oshirilishi lozim. Jamoat transportidan foydalanish yoki ekologik toza transport vositalariga o'tish (elektromobillar, velosiped), o'simliklar ekish va yashil hududlarni ko'paytirish, uy ichida havoni toza saqlash uchun filtrlar va namlantirgichlardan foydalanish, sanoat korxonalaridan uzoqroq joyda yashash va ochiq havoda ko'proq vaqt o'tkazish, havoni ifloslantiruvchi korxonalarga qat'iy ekologik talablar qo'yish, havo sifatini nazorat qiluvchi monitoring tizimlarini rivojlantirish, ko'mir va neft kabi ekologik zararli yoqilg'ilardan foydalanishni kamaytirish, qayta tiklanadigan energiya manbalarini rivojlantirish, shahar va qishloqlarda ko'proq daraxt ekish loyihalarini qo'llab-quvvatlash, ekologik muammolar bo'yicha jamoatchilikni xabardor qilish va atrof-muhitni muhofaza qilish bo'yicha tadbirlar o'tkazish, xalqaro ekologik shartnomalarga amal qilish va global miqyosda atmosferani muhofaza qilish loyihalarida ishtirok etish kabi chora-tadbirlar insoniyat hayoti uchun muhim hisoblanadi.

Havo ifloslanishining oldini olish va kamaytirish maqsadida turli tashkilotlar tomonidan chora-tadbirlar amalga oshirilmoqda. Sanoat korxonalarida chiqindilarni kamaytirish bo'yicha Vazirlar Mahkamasi tomonidan qabul qilingan maxsus dastur doirasida 2023-yilda 145 ta sanoat korxonasida 723 ta chang-gazlarni tutib qolish uskunalari ta'mirlanib, yangilariga almashtirildi. Chang boʻronlariga qarshi kurashish boʻyicha esa 2024-yil 24-sentabrda qabul qilingan qarorga muvofiq, chang boʻronlari sodir boʻladigan hududlarni aniqlash, oʻrmonlarni qayta tiklash va himoya oʻrmonlarini barpo etish boʻyicha chora-tadbirlar ishlab chiqilib, amalga oshirilmoqda. Havo sifatini yaxshilash boʻyicha tavsiyalar Oʻzgidromet tomonidan Toshkent shahrida havo sifatini yaxshilash maqsadida shaharni koʻkalamzorlashtirish va obodonlashtirish boʻyicha koʻproq tadbirlar oʻtkazish tavsiya etildi. Atrof-muhitni muhofaza qilish boʻyicha "Atmosfera havosini muhofaza qilish toʻgʻrisida"gi qonunga muvofiq, korxonalar atmosfera havosiga chiqariladigan chiqindilarni tozalash va zararli ta'sirni kamaytirish uchun inshootlar va qurilmalardan foydalanishi, shuningdek, sanitariya-muhofaza zonalarini barpo etishi lozim. Oʻzbekiston Respublikasi Birlashgan Millatlar Tashkilotining iqlim oʻzgarishi boʻyicha doiraviy Konvensiyasi va Parij bitimi ishtirokchisi sifatida issiqxona gazlari chiqindilarini kamaytirish va iqlim oʻzgarishiga moslashish boʻyicha chora-tadbirlarni amalga oshirish majburiyatini olgan. Ushbu chora-tadbirlar havo ifloslanishini kamaytirish va inson salomatligini himoya qilishga qaratilgan bo'lib, davlat organlari va tashkilotlar tomonidan izchil amalga oshirilmoqda.

Xulosa.

Havo ifloslanishi inson salomatligiga jiddiy tahdid soladi — nafas yo'llari kasalliklari, yurak-qon tomir muammolari va hatto saraton kasalligiga olib kelishi mumkin. Aholi salomatligini saqlash uchun atrof-muhitni muhofaza qilish, sanoat chiqindilarini nazorat qilish, yashil hududlarni ko'paytirish va jamoaviy ekologik ongni oshirish muhimdir. Har bir inson toza havo nafas olish huquqiga ega, bu huquqni ta'minlash esa hamjihatlikda olib boriladigan faol harakatlarni talab qiladi. Havo ifloslanishi bugungi kunda inson salomatligiga jiddiy xavf tug'dirayotgan muammolardan biridir. Uning salbiy oqibatlaridan himoyalanish uchun har bir inson o'z hissasini qo'shishi zarur. Davlat miqyosidagi qat'iy chora-tadbirlar bilan birga, har bir fuqaroning ekologik xabardorligi va mas'uliyati atrof-muhitni asrashda muhim ahamiyat kasb etadi. Toza havo – sog'lom hayot garovi!

Foydalanilgan adabiyotlar roʻyxati:

1. Uktamov, M. "Modeling the professional training development of future teachers through computer training." Science and innovation 2.B9 (2023): 139-141.

2. Musurmanova, Yayra, and Jasmina Toshpoʻlotova. "Iqtisodiyotni raqamlashtirish sharoitida iqtisodiy jarayonlar va moliyaviy munosabatlarning transformatsiyasi." Nashrlar (2024): 38-41.

3. O'G'Li, Madadjon O'Ktam. "Kuzatuv quduqlarida yer osti suvlarini gidrorejim parametrlarini masofaviy nazorat qilishning avtomatlashgan tizimlari." Science and Education 2.12 (2021): 202-211.

4. Musirmonov, Shohboz, and Jasmina Toshpo'lotova. "Moliya bozorini rivojlantirishda yashil iqtisodiyotga o'tishining muammolari va yechimlari." Nashrlar (2024): 374-377.

5. Muhammadiyev, Alijon, and Shukurullo Aliqulov. "PROSPECTS OF USING COMPUTER TECHNOLOGIES IN MODERN EDUCATION." Наука и технология в современном мире 3 (2024): 90-92.

6.Musurmanova, Yayra, and Jasmina Toshpoʻlotova. "XXI ASR YOSHLARINING AXBOROT PSIXOLOGIK XAFSIZLIGINI TA'MINLASH MASALALARI." Universal xalqaro ilmiy jurnal 1 (2024): 445-447.

7.Musurmanova, Yayra, and Jasmina Toshpoʻlotova. "SHAXSLARDA TAVAKKALCHILIK BILAN BOG 'LIQ VIRTUAL O 'YINLARGA MOYILLIGINI PSIXOLOGIK XUSUSIYATLARI." Universal xalqaro ilmiy jurnal 1 (2024): 776-777.

8.Toshpoʻlotova, Jasmina, and Yayra Musurmanova. "CURRENT ISSUES OF TEACHING UZBEK AND RUSSIAN LANGUAGES IN THE PROCESS OF GLOBALIZATION." Models and methods in modern science 3 (2024): 187-191.

9.Musurmanova, Yayra, and Jasmina Toshpoʻlotova. "TEXNIKA OLIY TA'LIM MUASSASALARIDA XORIJIY TILLARNI O 'QITISHNING DOLZARB MASALALARI." Прикладные науки в современном мире: проблемы и решения 3 (2024): 10-12.

10. Toshpoʻlotova, Jasmina, and Yayra Musurmanova. "TA'LIM TIZIMIGA INNOVATSION TEXNOLOGIYALARNI JORIY ETISH VA INTEGRATSIYALASH MASALALARI." Общественные науки в современном мире: теоретические и практические исследования 3 (2024): 46-49.

Alfraganus Universiteti Tibbiyot fakulteti Stomatologiya yo'nalishi 1-kurs talabasi Imomova Shabnam Faxriddin qizi.

Tish qattiq to'qimalarining eroziyasi: etiologiyasi, klinik belgilari va davo choralari.

Annotatsiya:

Mazkur maqolada tish qattiq to'qimalarining eroziyasi, uning klinik belgilari, rivojlanish bosqichlari, sabablari va davolash usullari yoritilgan. Eroziya – bu emal va dentinning mexanik emas, balki kimyoviy yo'l bilan asta-sekin yemirilishidir. Kasallik ko'proq o'rta va keksa yoshdagi bemorlarda uchraydi. Klinik ko'rinishlar tish yuzalarida silliq, yaltiroq, pigmentlangan kemtiklar bilan namoyon bo'ladi.

Maqolada eroziyaning erta bosqichlarida olib boriladigan profilaktik choralar, shuningdek chuqur zararlanishlarda qoʻllaniladigan plombalash va protezlash usullari tahlil qilingan. Shuningdek, organizmdagi umumiy kasalliklar bilan eroziya oʻrtasidagi bogʻliqlikka ham eʼtibor qaratilgan.

Kalit soʻzlar:

Tish eroziyasi, emal yoʻqolishi, dentin ochilishi, tish qattiq toʻqimalari, remineralizatsiya, karies boʻlmagan shikastlanishlar, umumiy somatik kasalliklar, kalsiy tanqisligi, profilaktik stomatologiya, tiklovchi davolash.

Annotation:

This article discusses dental hard tissue erosion, focusing on its clinical features, stages of progression, underlying causes, and treatment approaches. Erosion is defined as the gradual chemical, rather than mechanical, loss of enamel and dentin. The condition is more common in middle-aged and elderly individuals. Clinically, it manifests as smooth, glossy, and pigmented defects on the tooth surface. The article outlines preventive measures for early-stage erosion, as well as restorative and prosthetic treatments for more advanced cases. Additionally, attention is given to the relationship between systemic diseases and the development of dental erosion.

Keywords:

Tooth erosion, enamel loss, dentin exposure, dental hard tissues, remineralization, non-carious lesions, systemic diseases, calcium deficiency, preventive dentistry, restorative treatment.

Аннотация:

Эрозия твёрдых тканей зубов представляет собой некариозное поражение, возникающее под действием химических факторов без участия микроорганизмов. В статье рассматриваются причины, стадии, клинические проявления и методы лечения зубной эрозии. Отмечается важность устранения предрасполагающих факторов, проведения реминерализующей терапии и использования профилактических зубных паст. Также подчёркивается необходимость комплексного подхода к лечению с учётом общесоматических заболеваний пациента.

Ключевые слова:

Эрозия зубов, потеря эмали, обнажение дентина, твёрдые ткани зуба, реминерализация, некариозные поражения, соматические заболевания, дефицит кальция, профилактическая стоматология, восстановительное лечение.

Tish qattiq to'qimalari eroziyasi — bu hozirgi kungacha rivojlanish omillari va yuzaga kelishiga sabab bo'luvchi shart-sharoitlari to'liq o'rganilmagan, tishning qattiq qatlamlari (faqat emal yoki emal hamda dentin)ning asta-sekin yemirilishi bilan ifodalanadigan patologik holatdir.

Ba'zi mualliflar (masalan, Port, Eyler va boshqalar) tish eroziyasini ponasimon nuqsonga o'xshash tarzda, tish cho'tkasi va abraziv kukunlarning mexanik ta'siri natijasida yuzaga keladi, deb hisoblashgan. Boshqa bir guruh tadqiqotchilar esa (jumladan, Fuller S., Johnson W., 1977 va boshqalar) ushbu holatni asosan sitrus mevalar va kislotali ichimliklarning haddan tashqari ko'p iste'mol qilinishi bilan bog'lashgan.

 D.A. Entin tish qattiq to'qimalari eroziyasining kelib chiqishini ularning kalsiyni yo'qotishiga (dekalsinatsiyaga) olib keluvchi neyrotrofik jarayonlar bilan bog'lagan. Shuningdek, ba'zi ilmiy manbalarda eroziya rivojida ishlab chiqarish muhitidagi salbiy omillar — ya'ni kislotali moddalar, metall va mineral changlar, bug'lar va shu kabi zararli moddalarning roli alohida ta'kidlanadi. Bundan tashqari, bemor organizmida uchraydigan podagra kasalligi, asab va ruhiy holatdagi buzilishlar ham ushbu patologiyaning shakllanishida muhim omillar sifatida ko'rilmoqda.

Yu.M. Maksimovskiy (1981)ning fikriga ko'ra, tish qattiq to'qimalarida eroziya shakllanishining patogenezida endokrin tizimdagi buzilishlar, xususan qalqonsimon bez faoliyatining ortishi (gipertireoz, tireotoksikoz) muhim omil sifatida namoyon bo'ladi. Bunday holatlar odatda Bazedov kasalligida kuzatiladi va klinik jihatdan ahamiyatli hisoblanadi. Tadqiqotchi ma'lumotlariga ko'ra, tireotoksikozda ko'p hollarda so'lak ajralishining kuchayishi va og'iz suyuqligining yopishqoqligi kamayishi kuzatiladi, bu esa o'z navbatida tish qattiq to'qimalarining strukturaviy holatiga salbiy ta'sir ko'rsatadi. Yu.M. Maksimovskiyning kuzatuvlariga ko'ra, qalqonsimon bez faoliyati me'yorida bo'lgan shaxslarga nisbatan, tireotoksikoz bilan og'rigan bemorlarda tish eroziyasining uchrash chastotasi ikki baravar yuqori bo'lgan. Tadqiqot natijalari shuni ko'rsatadiki, tish qattiq to'qimalari eroziyasining davomiyligi va tireotoksikoz kasalligining og'irlik darajasi o'rtasida to'g'ridan-to'g'ri bog'liqlik mavjud. Xususan, kasallik muddati bir yilga (uch yildan to'rt yilgacha) uzaygan hollarda eroziya bilan zararlangan bemorlar soni 20% ga oshgan. Aksincha, qalqonsimon bez faoliyatining susayishi (gipotireoz) kuzatilgan holatlarda tish eroziyasining tarqalishi ancha kam bo'lgan. Shu bilan birga, Yu.A. Fedorov (2000)ning ta'kidlashicha, tish eroziyalari holatlarining 90 foizdan ortig'i qalqonsimon bez faoliyatining turli patologik buzilishlari bilan bog'liq ravishda aniqlangan.

Shunday qilib , emal eroziyasining etiologiyasi to'liq o'rganilmagan bo'lsa-da, uning rivojlanishida kimyoviy ta'sirlar, mexanik omillar va endokrin tizimdagi buzilishlar birgalikda muhim rol o'ynaydi. Ayniqsa, og'iz suyuqligining qayta minerallashtirish xususiyatining pasayishi tish qattiq to'qimalarining yemirilish jarayonini jadallashtiruvchi muhim omillardan biri sifatida ko'riladi.

N.V. Kuryakina (2001) tomonidan taqdim etilgan ma'lumotlarga asoslanadigan bo'lsak, so'nggi o'n yil ichida tish eroziyasining tarqalish darajasida sezilarli o'sish kuzatilgan. Agar ilgari, ya'ni 10–15 yil muqaddam o'rganilgan aholining ayrim guruhlarida eroziya holatlari 5–7% dan oshmagan bo'lsa, keyingi yillarda bu ko'rsatkich 47,2% ga yetgan. Shuningdek, stomatologik poliklinikalarga nokarioz kelib chiqishga ega tish zararlanishlari bilan murojaat qilgan bemorlar orasida olib borilgan tahlillar natijasida, ularning 29,5% ida tish eroziyasi mavjudligi aniqlangan. Tishlar chiqqanidan so'ng yuzaga keladigan nokarioz kasalliklar orasida tish eroziyasi bilan og'rigan shaxslar umumiy holatlarning 55,9% ini tashkil etgani aniqlangan. Taqqoslash uchun aytilganda, bundan 10–15 yil avval bu ko'rsatkich mos ravishda 24% va 33,3% atrofida bo'lgan. Statistik tahlillar shuni ko'rsatadiki, ushbu patologiya eng ko'p 25–30 yosh oralig'idagi ayollar orasida (84,9%) uchraydi.

Eroziyaning gormonal buzilishlar, xususan qalqonsimon va jinsiy bezlar faoliyatidagi disfunktsiyalar bilan birgalikda uchrashi 75% holatlarda aniqlangan. Garchi eroziyaning aniq etiologik sabablari to'liq aniqlanmagan bo'lsa-da,

Xalqaro Kasalliklarni Tasniflash (MKB-10) ga ko'ra, ushbu kasallikning quyidagi shakllari qayd etilgan (Makeyeva I.M., 2003): 1. Kimyoviy ishlab chiqarish korxonalarida ishlovchi ishchilarda uchraydigan kasbiy eroziya;

2. Og'iz bo'shlig'ida muayyan omillar ta'sirida yuzaga keluvchi, muntazam davom etadigan qayt qilinish (persistiruvchi regurgitatsiya) yoki tez-tez qusish natijasida rivojlanadigan eroziya;

3. Parhez omillari, jumladan nordon sharbatlar, sitrusli mevalar va shu kabilarni muntazam iste'mol qilish oqibatida yuzaga keladigan eroziya;

4. Dorivor vositalar va turli dori-darmonlar ta'sirida paydo bo'ladigan eroziya;

5. Aniqlangan sababga ega bo'lmagan, ya'ni idiopatik shakldagi eroziya;

6. Boshqa turli omillar natijasida kelib chiqadigan eroziya;

Ye.V. Borovskiy va hammualliflar (1978) tish qattiq to'qimalarining eroziyasi ikki bosqichda rivojlanishini ta'kidlaydilar: Dastlabki bosqich — patologik jarayon faqat emal qatlamida kuzatiladi (emal eroziyasi) va ko'zga ko'rinadigan darajada bo'ladi.

Keyingi bosqich — emal bilan birga dentin qatlamida ham chuqur zararlanishlar paydo bo'ladi.

Shuningdek, Yu.M. Maksimovskiy (1981) eroziyaning chuqurlik darajasiga qarab quyidagi uch klinik darajani ajratadi:

1. I daraja (dastlabki) — faqat emal qatlamining yuzaki qismi shikastlangan bo'ladi.

2. II daraja (o'rta) — tish tojidagi emal to'liq yemirilgan, eroziya dentin qatlamiga yetib borgan.

3. III daraja (chuqur) — dentinning yuzaki qatlamlari ham shikastlanadi.

Eroziyaning boshlang'ich va o'rta bosqichlarida emalda o'zgarish bo'lsa-da, uning tabiiy rangi va yaltiroq yuzasi saqlanib qoladi. Biroq o'rta va chuqur darajalarda eroziya joylarida tish yuzasida oq-sarg'ish yoki jigarrang tusdagi pigmentatsiyalar paydo bo'ladi.

M. Makeyeva (2003) ham tish qattiq to'qimalarining eroziyali zararlanishlarini chuqurlik darajasiga ko'ra quyidagicha uch bosqichga ajratadi:

I daraja – faqat emalning yuzaki qatlami shikastlangan bo'ladi.

II daraja – emal va dentinning mahalliy zararlanishi kuzatiladi; ochilgan dentin tish yuzasining 1/3 qismidan kam qismini tashkil etadi.

III daraja – keng miqyosdagi zararlanish; ochilgan dentin tish yuzasining 1/3 qismidan ko'p maydonini egallaydi.

Klinik manzara. Tish qattiq to'qimalarining eroziyasi odatda simmetrik tarzda rivojlanadi. Kasallikning ilk bosqichlarida, og'iz dahlizi (vestibulyar) yuzasida, tish tojining ko'ndalang yo'nalishidagi eng bo'rtib chiqqan qismida emal yaltiroqligining yo'qolishi va biroz notekislik yuzaga kelishi kuzatiladi.Zararlangan joyni aniqlash uchun tishni avval toza paxta bilan artib, keyin esa iliq havo purkagich yordamida quritilsa, bu soha ko'zga ancha ravshan ko'rinadi. Eroziya chegaralarining remineralizatsiyalangan darajasini aniqlash uchun 5% li yod eritmasi bilan bo'yash orqali Remineralizatsiya indeksi (RI) qo'llaniladi. Bu usulda shikastlangan joy sariq yoki jigarrang tusga kiradi. Kasallik rivojlanib borgani sari, emal yuzasida chuqurchalar (kemtiklar) paydo bo'ladi, bu esa eroziyaning klinik jihatdan yanada yaqqol ko'rinishiga olib keladi.

Rivojlangan bosqichdagi eroziyada tishning og'iz dahlizi tomonidagi eng bo'rtib turgan sohasida ko'ndalang va qiyshiq holatda joylashgan, aylana shaklidagi chuqurcha (kemtik) hosil bo'ladi, bu chuqurlik ko'pincha dentingacha yetib boradi.

Eroziya — surunkali kechuvchi kasallik bo'lib, ba'zan 10–15 yilgacha davom etishi mumkin. Uzoq davom etgan holatlarda emalda hosil bo'lgan kemtiklar hajm va chuqurlik jihatdan oshib boradi, natijada ular oval, tuxumsimon, yumaloq, ayrim hollarda esa kosachasimon shaklga ega bo'lgan tipik eroziya kemtiklariga aylanadi.

Ba'zan esa jarayon asta-sekinlik bilan tish tojining butun (intakt) sathlariga tarqaladi va bu holatda eroziya shakli aniq va to'g'ri konturlarga ega bo'lmaydi. Eroziya tubi odatda sarg'ish yoki och sariq tusda bo'lib, silliq, yaltiroq ko'rinishda bo'ladi va zond bilan tekshirilganda qattiqligi seziladi. Ba'zida bu yerda pigment qatlamlari hosil bo'lib, ular turli xil ranglarda namoyon bo'lishi mumkin.

Kasallik davom etgan sari og'iz dahlizi tomondagi emal qatlamining to'liq yo'qolishi va jarayonning dentinga o'tishi kuzatiladi. Bunday holatlarda eroziya tubi sarg'ish tusga ega bo'lib, tashqi muhit ta'sirida karashlar cho'kishi natijasida u qoramtir rangga kiradi. Odatda bu kasallik faqat bitta tishga emas, balki simmetrik joylashgan kamida ikki tishga ta'sir qiladi. Yoshi ulg'aygan sari patologik jarayonga ko'proq tishlar jalb qilinadi.

Tish qattiq to'qimalarining eroziyasi, odatda, o'rta va keksa yoshdagi odamlarda uchraydi. U ko'proq yuqori jag'dagi markaziy va yon kesuvchi tishlar hamda ikkala jag'dagi qoziq va kichik oziq tishlarning og'iz dahlizi (lab tomoni) yuzalarida simmetrik tarzda joylashgan emal va dentinning yo'qolishi bilan namoyon bo'ladi. Aksincha, pastki jag'dagi kesuvchi va katta oziq tishlar bu jarayonga kamroq jalb qilinadi yoki umuman ta'sirlanmaydi.

Eroziya chuqurligi esa uning boshlanish vaqtiga bog'liq: jarayon erta boshlangan tishlarda eroziya chuqurroq bo'ladi. Shu bois, tishlar har xil darajada zararlanadi, bu esa klinik manzarani yanada murakkablashtiradi.

L. Kless (1980)ning ma'lumotlariga ko'ra, tishlar eroziyasi ko'pincha kurak tishlar tojining kesuvchi qirralari hamda kichik va katta oziq tishlar chaynov yuzalarining yeyilishi (uqalanishi) bilan birga kechadi. Bu holat tish to'qimalarining mexanik va kimyoviy ta'sirlarga bardosh bera olmasligidan dalolat beradi.

Eroziya jarayonida emalning yemirilishi bilan birga ba'zida karies ham rivojlanadi, shuningdek chaynov yuzalarining sezilarli darajada tekislanishi, silliqlanishi kuzatiladi. Ammo bu kasallikda milkustki va milkosti tish toshlari kam uchraydi, bu esa eroziyaning kariesdan farqli bo'lgan klinik ko'rinishidir.

Tish to'qimalarining boshqa yeyilish yoki yemirilish turlariga nisbatan emal eroziyasi bilan og'rigan tishlarda bemorlar ko'pincha tashqi ta'sirlarga — ayniqsa sovuq havo, issiq yoki nordon ovqatlar va ichimliklarga sezuvchanlik, og'riq paydo bo'lishi haqida shikoyat qiladilar. Bu sezuvchanlik, ayniqsa, eroziya chuqurlashgan holatlarda kuchayadi.

Ba'zi bemorlar hatto og'riqdan qo'rqib, meva va

sharbatlarni iste'mol qilmay qo'yishadi. Shuningdek, ular tishlarining rang o'zgarishi — sarg'ish yoki jigarrang tusga kirib qolganidan ham shikoyat qiladilar. Eroziya faol kechayotgan bo'lsa, bunday shikoyatlar yanada kuchliroq bo'ladi. Biroq, zararlangan joyda emalning yaltiroq sirtining saqlanib qolganligi bu holatga xos belgidir.

Davolash.

Tish qattiq to'qimalari eroziyasini davolashda tanlanadigan terapevtik yondashuv kasallikning klinik shakli, zararlanish darajasi va kemtikning morfologik xususiyatlariga bevosita bog'liq bo'ladi. Patologik jarayonning boshlang'ich bosqichlarida, ya'ni faqat emalning sirtki qatlamida yaltiroqlikning yo'qolishi va mayda notekisliklar kuzatilganda, davolash-profilaktik tadbirlar orqali kasallikning rivojlanishining oldini olish maqsadida konservativ usullar qo'llaniladi.

Bunda emalni qayta minerallashtirishga qaratilgan remineralizatsiyalovchi terapiya, shuningdek, emal sezuvchanligini kamaytirishga qaratilgan desensitizatsiyalovchi preparatlar qo'llanilishi tavsiya etiladi.

Eroziya o'rta yoki chuqur bosqichga o'tganda, ya'ni dentinga qadar yetib borgan kemtiklar hosil bo'lgan holatlarda esa, konservativ davolash bilan bir qatorda plombalash muolajalari amalga oshiriladi. Og'irroq klinik holatlarda, estetik va funksional nuqsonlarni bartaraf etish maqsadida zarar ko'rgan tishlar sun'iy protez – estetik koronkalar yordamida tiklanadi.

Har qanday bosqichdagi davolashda kompleks yondashuv muhim bo'lib, u lokal va umumiy ta'sirga ega terapevtik vositalarni qo'llashni o'z ichiga oladi. Bu usullar yordamida tish to'qimalarining demineralizatsiyasi, gipersezuvchanligi va boshqa diskomfort holatlarini bartaraf etishga erishiladi.Eroziyali jarayonlarni samarali davolashning asosiy yo'nalishlaridan biri — avvalo, tish to'qimalarida patologik o'zgarishlarni keltirib chiqargan etiologik omillarni aniqlab, ularni imkon qadar bartaraf etishga qaratilgan chora-tadbirlarni amalga oshirishdir. Shu bois, bemorlarga oziq-ovqat ratsionida kislotali mahsulotlar, ayniqsa sitrus mevalar (limon, apelsin va h.k.) hamda ulardan tayyorlangan sharbatlarni haddan tashqari ko'p iste'mol qilmaslik tavsiya etiladi. Agar bunday mahsulotlarni iste'mol qilish zarur bo'lsa, darhol og'iz bo'shlig'ini mo'l suv bilan chayish orqali kislotali muhitni neytrallash tavsiya etiladi.

Shuningdek, tishlarni gigiyenik parvarishlashda, abrazivlik darajasi past va tish yuzasiga kuchli mexanik bosim ko'rsatmaydigan yumshoq tukli tish cho'tkalaridan foydalanish maqsadga muvofiqdir. Tish pastasi va kukunlarni tanlashda esa, ularning tarkibida emal va dentin strukturasini remineralizatsiya qiluvchi faol komponentlar — ftor birikmalari, kaltsiy fosfatlari, glitserofosfat, mikroelementlar va boshqa mineral tuzlar mavjud bo'lishi muhimdir. Bunday preparatlarga "Remodent", "Jemchug", "Ftorodent", "Blend-a-med", "Colgate" kabi davolovchi-profilaktik tish pastalari kiradi.

Bundan tashqari, tish qattiq to'qimalaridagi eroziyani davolashda kasallikning faolligi, klinik kechishi va bemorning umumiy somatik holati ham e'tiborga olinishi zarur. Chunki ko'plab tizimli kasalliklar, masalan, tireotoksikoz (qalqonsimon bez faoliyatining buzilishi) singari endokrin kasalliklar tish eroziyasini kuchaytiruvchi omillar sifatida ishtirok etishi mumkin. Bunday holatlarda davolash stomatolog va terapevt (internist) tomonidan hamkorlikda, kompleks tarzda olib borilishi lozim.Tish to'qimalarining eroziyasi bilan og'rigan bemorlarning qon biokimyoviy ko'rsatkichlarida kalsiy va fosfor miqdorining pasayishi aniqlansa, bu holat mineral muvozanatning buzilishi bilan kechayotgan umumiy metabolik o'zgarishlarga ishora qiladi. Shu bois, bunday bemorlarni davolashda og'iz bo'shlig'idagi mahalliy muolajalar bilan bir qatorda, kalsiy va fosfor tuzlari hamda ushbu moddalarning so'rilishini yaxshilovchi D vitamini, A, E, C vitaminlari va boshqa mikroelementlarni o'z ichiga olgan preparatlarni kompleks ravishda qo'llash maqsadga muvofiqdir.

Tish eroziyasini davolash usullarini tanlashda bu holat ko'pincha bemorning organizmida kechayotgan yondosh somatik kasalliklar, ayniqsa endokrin tizimdagi buzilishlar (masalan, tireoid kasalliklari) bilan chambarchas bog'liq ekanligini e'tiborga olish zarur. Yu.A. Fedorov (2000) tomonidan olib borilgan tadqiqotlar natijalariga ko'ra, tish eroziyasi holatlari 90% hollarda qalqonsimon bez disfunktsiyalari bilan bog'liq bo'ladi. Shunga ko'ra, muallif og'iz bo'shlig'ida quyidagi kompleks terapevtik chora-tadbirlarni tavsiya etadi:

1. Kimyoviy va mexanik stimullarni bartaraf etish – ya'ni, eroziyani kuchaytiruvchi tashqi omillar (kislotalar, qattiq cho'tkalar, abraziv moddalar) ta'sirini yo'qotish.

2. Pigmentlangan yuzalarni tozalash – emal pigmentatsiyasi mavjud bo'lgan hollarda ftor va sirkoniy abraziv komponentlariga ega bo'lgan profilaktik pastalar yordamida tish yuzalariga ishlov berish.

3. Qayta minerallash terapiyasi – faol eroziya bosqichida emal va dentin to'qimalarini mustahkamlash maqsadida og'zaki kalsiy preparatlari bilan bir qatorda mahalliy remineralizatsiya seanslarini o'tkazish. Bunga 10–15 seansdan iborat bo'lgan 10%li kalsiy glyukonat elektroforezi yoki eritma ko'rinishidagi applikatsiyalar kiradi.

4. Kemtiklarni tiklash – qayta minerallash muolajalaridan so'ng, zararlangan yuzalarni kompozit, kompomer yoki stekloionomer asosidagi plomba materiallari bilan estetik va funksional tiklash.

5. Protezlash – keng ko'lamli zararlanishlarda, tish morfologiyasi sezilarli darajada buzilgan

bo'lsa, ortopedik protezlash (kronkalar, vinirlar) tavsiya etiladi.

Xulosa.

Tish eroziyasi — bu emal va dentinning asta-sekin yemirilishidir. Asosan kimyoviy moddalar ta'sirida, ayniqsa nordon ovqatlar va ichimliklar ta'sirida yuzaga keladi. Eroziya ko'proq yuqori jag'dagi old tishlarda uchraydi va vaqt o'tishi bilan chuqurlashadi.

Bemorlar ko'pincha sovuq havo, shirali mevalar yoki ichimliklar ta'sirida og'riq, sezuvchanlik va tish rangining o'zgarishidan shikoyat qilishadi. Kasallik rivojiga qalqonsimon bez, kalsiy yetishmovchiligi kabi umumiy muammolar ham sabab bo'ladi.

Davolashda avvalo zararli omillarni yo'qotish, tishni himoya qiladigan pastalardan foydalanish, minerallar bilan boyitilgan muolajalar o'tkazish, chuqur kemtiklarni plombalash va kerak bo'lsa, protezlash tavsiya etiladi. Tish shifokori va terapevt birgalikda davolash olib borishi muhim.

Foydalanilgan adabiyotlar:

1. J.A.Rizayev, O.K.Muslimov, E.A.Rizayev "Tishlarning nokarioz kasalliklari" Samarqand-

2022, 213-229c

2. O.Ye. Bekjonova, S.X.Yusupalixodjayeva, U.A.Shukurova, D.M.Alimova "Klinik restavratsion stomatologiya" Toshkent-2020, 171-173c

3. S.S.Murtazayev, M.S.Murtazayev "Bolalar fakultet terapevtik stomatologiyasi" Toshkent-2014

4.https://e.library.namdu.uz/

Alfraganus Universiteti Tibbiyot fakulteti Stomatologiya yo'nalishi 2-kurs talabasi Berdieva Shaxnoz Qurbonniyoz qizi.

Tibbiyot: Ilm, mas'uliyat va insoniylik o'rtasida.

Inson hayotida shunday kasblar borki, ular faqat mehnat bilan emas, qalb, sabr va sadoqat bilan ham bajariladi. Ana shunday yuksak kasblardan biri — tibbiyot. Bu sohada ishlash uchun na faqat bilim, balki insonga mehr, dardga hissiyot va har bir hayotga mas'uliyat bilan yondashuv talab qilinadi. Chunki shifokorlar inson hayotini saqlab qoluvchi, yurakka umid bag'ishlovchi eng bag'rikeng insonlardandir.

Zamonaviy tibbiyot — imkoniyatlar va muammolar muvozanati.

So'nggi yillarda O'zbekiston tibbiyoti yangi bosqichga ko'tarildi. Yangi shifoxonalar, zamonaviy uskunalar, raqamli texnologiyalar joriy etildi. Endilikda ba'zi bir hududlarda dastlabki diagnostika, UZI, tomografiya, laboratoriya tekshiruvlari uchun Toshkentga borish shart emas — barchasi joylarda tashkil etilmoqda.Lekin bugungi muvaffaqiyatlar bilan bir qatorda, hal etilishi lozim bo'lgan muammolar ham mavjud. Ayniqsa, qishloq hududlarda malakali kadrlar etishmasligi, uzoq navbatlar, ba'zi joylarda dori-darmon tanqisligi kabi muammolar xalqni qiynamoqda. Bu muammolarni vaqtida hal qilish, tibbiy xizmatni bir xil darajada ta'minlash — har bir mas'ul shaxsning vazifasi bo'lishi kerak.

Tibbiyot — faqat ilm emas, odamga sadoqat hamdir.

Tibbiyot sohasi xodimlari kundagi yukli ishiga qaramay, bemorlarga muhabbat bilan yondashishi, ularni eshitishi, ruhiy qo'llab-quvvatlashi kerak. Ayrim shifokorlar borki, ular faqat davolamaydi — bemorga yana yashash istagini beradi. Bu esa o'rgatib bo'lmas, qalbdan keladigan fazilatdir.So'nggi yillarda shifokorlar malakasini oshirish, xorijiy tajribalarni o'zlashtirish bo'yicha ham keng ko'lamli ishlar amalga oshirilmoqda. Jumladan, Respublika ixtisoslashtirilgan tibbiy markazlari, tibbiyot universitetlari va liseylari orqali yosh kadrlar zamonaviy bilim va amaliy ko'nikmalarga ega bo'lishmoqda.

☙ **Pandemiya** — shifokorning qahramonligi yuksak e'tirof etilgan davr.2020-2021 yillardagi COVID-19 pandemiyasi butun dunyo tibbiyoti uchun sinov bo'ldi. Minglab shifokorlar hayotni xavf ostiga qo'yib, bemorlarni sog'aytirar ekan, ularning kasbi qanday aziz va muhim ekanligini butun jahon tan oldi. Shu kunlarda har birimiz his qildik — eng kuchli insonlar oramizda, ular oq xalatli qahramonlar ekanligini.Bir shifokorning bir kechada 15-20 soat ishlashi, o'z farzandini oylab ko'rolmasligi, o'z salomatligini bemorniki uchun xavf ostiga qo'yishi — bu faqat kasb emas, bu insoniyatga xizmat qilishning yuksak namunasidir.

☙**Sog'lom jamiyat** — sog'lom tibbiyot tizimida shakllanadi.Tibbiyot faqat shifoxona devorlari ichida emas. U har bir oilada, har bir odamning sog'liqqa bo'lgan munosabatida, tozalikka rioya qilishda, profilaktikaga e'tibor qaratishda boshlanadi. Agar har bir fuqaro shaxsan o'z sog'lig'i uchun javobgarligini his etsa, profilaktik ko'riklarga qatnashayotgan bo'lsa — sog'liqni saqlash tizimi yuki ham engillashadi.Sog'lom jamiyat qurishni istasak, sog'lom turmush tarzi, to'g'ri ovqatlanish, zararli odatlardan voz kechish, jismoniy faollik va tibbiy madaniyatni shakllantirishga jamoaviy tarzda harakat qilishimiz lozim.

Xulosa:

Tibbiyot — bu hayotni qadrlash madaniyatidirTibbiyot — bu faqat og'riqni davolash emas, balki hayot sifati uchun kurashishdir. Shifokorlar faqat davolamaydilar — ularga ishoniladi, ularga yurak ochiladi. Ular inson hayotining eng zaif, eng og'ir lahzasida qo'ldan ushlaydigan insonlardir.Har birimiz shuni anglab etishimiz kerakki, tibbiyot — bu butun jamiyat ishi. Davlat, shifokorlar va fuqarolar birgalikda harakat qilsagina, O'zbekistonda tibbiy xizmat yanada yuksak darajaga ko'tariladi va shundagina, biz nafaqat sog'lom inson, balki sog'lom millatga ega bulamiz.

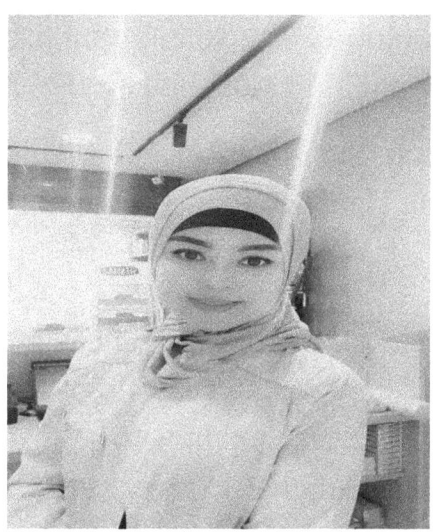

Norboeva Dildora Alfraganus Universiteti Farmasiya yo'nalishi 4-bosqich talabasi.

Oddiy chilonjiyda o'simligining toksikologik ahamiyati va tibbiyotda qo'llanilishi.

Annotatsiya:

ushbu maqolada oddiy chilonjiyda o'simligining biologik xususiyatlari, tarkibidagi alkaloidlar, ularning toksikologik ta'siri hamda ushbu o'simlikdan zamonaviy tibbiyotda qanday foydalanilayotgani yoritiladi. O'simlikning dorivor va zaharli xususiyatlari o'rtasidagi nozik muvozanat ilmiy asosda tahlil qilinadi.

Kalit so'zlar:

chilonjiyda, toksikologiya, atropin, skopolamin, dorivor o'simliklar, xalq tabobati, farmakologiya

Toxicological Significance and Medical Use of the Common Henbane Plant

Abstract:

This article explores the biological properties of the common henbane, its alkaloid content, their toxicological effects, and how this plant is utilized in modern medicine. The delicate balance between its medicinal benefits and toxic risks is analyzed from a scientific perspective.

Keywords:

henbane, toxicology, alkaloids, medicine, medicinal plant, atropine, scopolamine

Токсикологическое значение и медицинское применение обыкновенной белены

Аннотатция:

в данной статье рассматриваются биологические свойства обыкновенной белены (Hyoscyamus niger), содержание в ней алкалоидов, их токсикологическое действие, а также использование этого растения в современной медицине. Научно анализируется тонкий баланс между лекарственными и ядовитыми свойствами растения.

Ключевые слова:

белена, токсикология, алкалоиды, медицина, лекарственное растение, атропин, скополамин

Kirish:

Tabiat dorivor moddalarning muhim manbai boʻlib, qadimdan inson salomatligi uchun xizmat qilib kelmoqda. Shunday oʻsimliklardan biri bu oddiy chilonjiyda boʻlib, u oʻzining kuchli farmakologik hamda toksik taʼsiri bilan ajralib turadi. Chilonjiyda qadim zamonlardan beri ogʻriq qoldiruvchi, tinchlantiruvchi va spazmolitik vosita sifatida xalq tabobatida keng qoʻllanilgan. Biroq uning notoʻgʻri ishlatilishi jiddiy zaharlanishlarga olib kelishi mumkin. Shu sababli mazkur oʻsimlikning toksikologik xususiyatlarini chuqur oʻrganish va uni tibbiyotda ehtiyotkorlik bilan qoʻllash dolzarb hisoblanadi.

Asosiy qism:

Oddiy chilonjiyda — ikki yillik oʻsimlik boʻlib, yalpizguldoshlar oilasiga mansub. U Oʻzbekistonning togʻ oldi va choʻl hududlarida uchraydi. Oʻsimlik yoqimsiz hidi bilan ajralib turadi. Barglari yirik, gullari och sarg'ish rangda, mevalari esa kuchli zaharli moddalarga boy bo'ladi. Ushbu o'simlik qadimdan xalq tabobatida ishlatilgan bo'lsa-da, uning asosiy ahamiyati tarkibidagi alkaloidlar bilan belgilanadi.

Chilonjiyda tarkibida atropin, skopolamin, hiossiyamin kabi alkaloidlar mavjud. Bu moddalar markaziy asab tizimiga ta'sir ko'rsatadi. Ayniqsa yuqori dozada ular gallyutsinatsiya, yurak urishining tezlashuvi, ong buzilishi va hatto o'limga olib kelishi mumkin. Atropin ko'z qorachig'ini kengaytirishda, yurak ritmini normallashtirishda va mushak spazmlarini kamaytirishda qo'llaniladi. Skopolamin esa og'riq qoldiruvchi va tinchlantiruvchi sifatida ishlatiladi. Bu alkaloidlar ba'zi dorilarning asosiy tarkibiy qismi hisoblanadi.

Toksikologik nuqtai nazardan qaralganda, o'simlikning barcha qismlari, ayniqsa urug' va barglari juda xavfli hisoblanadi. Atigi 0.1–0.3 gram quruq barg iste'moli bilan og'ir zaharlanish kuzatiladi. Zaharlanish belgilari orasida og'iz qurishi, yurak urishining kuchayishi, ko'z qorachig'ining kengayishi, psixik buzilishlar va tana haroratining ko'tarilishi mavjud. O'ta holatlarda bu oʻlim bilan yakunlanishi mumkin.

Zamonaviy tibbiyotda ushbu oʻsimlikdan olinadigan moddalardan aniq dozada va ehtiyotkorlik bilan foydalaniladi. Atropin va skopolamin kabi alkaloidlar nevrologik va kardiologik kasalliklarda qoʻllaniladi. Shu bilan birga, chilonjiyda xalq tabobatida ham ogʻriq qoldiruvchi va asab tizimini tinchlantiruvchi vosita sifatida ishlatiladi. Biroq uning har qanday koʻrinishdagi qoʻllanilishi mutaxassis nazorati ostida boʻlishi kerak.

Tahlil va natijalar:

Tahlillar shuni koʻrsatmoqdaki, chilonjiyda oʻsimligining dorivor xususiyatlari va toksik taʼsirlari oʻrtasida nozik muvozanat mavjud. Bu muvozanatni saqlab qolish, uni notoʻgʻri ishlatishdan saqlanish, ayni paytda ilmiy asoslangan holda qoʻllash zamonaviy farmatsiya va tibbiyot oldida turgan muhim vazifalardan biridir.

Xulosa:

Oddiy chilonjiyda — ikki tomonlama ahamiyatga ega oʻsimlik: bir tomondan foydali dorivor manba, ikkinchi tomondan esa xavfli zahar hisoblanadi. Tibbiyotda undan oqilona va ehtiyotkorlik bilan foydalanish zarur. Chuqur ilmiy tadqiqotlar orqali bu oʻsimlikdan zamonaviy dorilar tayyorlash imkoniyati mavjud. Shu bilan birga, uning zaharliligini e'tibordan chetda qoldirmaslik lozim. Maqola chilonjiydaning toksikologik xavf-xatarlari va shifobaxsh imkoniyatlarini chuqur tahlil qilishga xizmat qiladi.

Foydalanilgan adabiyotlar:

1. Xasanov, M. (2020). Oʻsimliklarning dorivor xususiyatlari. Toshkent: Fan nashriyoti.

2. Karimov, A. va boshq. (2018). Farmakognoziya. Toshkent: Tibbiyot nashriyoti.

3. WHO Monographs on Selected Medicinal Plants, Volume 2.

4. PubChem Database — Hyoscyamus niger.

5. Rakhimov, A. (2021). "Dorivor oʻsimliklarning kimyoviy tarkibi va toksikologiyasi", Tibbiyot va farmatsiya jurnali, №2.

Xaydarova Dilnoza Alfraganus Universiteti Davolash ishi yo'nalishi 3-bosqich talabasi.

Belladonna oʻsimligining dorivor xususiyatlari.

Annotatsiya: Ushbu maqolada Atropa belladonna oʻsimligining kimyoviy tarkibi, farmakologik xususiyatlari va tibbiyotda qoʻllanilishiga doir ma'lumotlar yoritilgan. Shuningdek, ushbu oʻsimlik asosida tayyorlangan dorilar va ularning inson organizmiga ta'siri ham koʻrib chiqiladi.

Kalit soʻzlar: Belladonna, atropin, skopolamin, dorivor oʻsimlik, zaharli moddalar.

Лекарственные свойства растения Белладонна.

Аннотация: В статье рассмотрены химический состав, фармакологические свойства и применение растения Atropa belladonna в медицине. Также анализируются препараты, изготовленные на его основе, и их влияние на организм человека.

Ключевые слова: белладонна, атропин, скополамин, лекарственное растение, ядовитые вещества.

Medicinal properties of the Belladonna plant

Abstract: This article explores the chemical composition, pharmacological properties, and medical applications of the Atropa belladonna plant. It also analyzes the drugs derived from it and their effects on the human body.

Keywords: belladonna, atropine, scopolamine, medicinal plant, toxic compounds.

Kirish. Belladonna (lotincha nomi — Atropa belladonna) — kartoshkadoshlar oilasiga mansub koʻp yillik, dorivor, biroq ayni paytda zaharli oʻsimlik hisoblanadi. U asosan Yevropa, Osiyo va Shimoliy Afrikaning nam iqlimli hududlarida, o'rmonzorlarda, soyali joylarda o'sadi. Belladonnaning barglari yirik, tuxumsimon shaklda bo'lib, gullari binafsha yoki qo'ng'ir tusda, mevalari esa qora rangli va sharsimon bo'ladi. Mevalari tashqi ko'rinishidan jozibador bo'lsa-da, inson salomatligi uchun nihoyatda xavflidir.

O'simlikning shifobaxsh xususiyatlari uning kimyoviy tarkibi bilan bevosita bog'liq. Belladonnada tropan guruhi alkaloidlari, xususan, atropin, skopolamin va hiyosiamin kabi moddalar mavjud bo'lib, ular o'simlikning bargi, ildizi va mevasida to'planadi. Ushbu alkaloidlar kuchli farmakologik faollikka ega bo'lib, asosan markaziy va periferik nerv tizimiga ta'sir ko'rsatadi. Atropin yurak urishini tezlashtiradi, ko'z qorachig'ini kengaytiradi va mushak spazmlarini kamaytiradi. Skopolamin esa asosan tinchlantiruvchi, qusishga qarshi va gallyutsinatsiyaga qarshi vosita sifatida ishlatiladi. Hiyosiamin esa atropinga o'xshash bo'lib, ko'proq va uzoqroq ta'sir etadi.

Asosiy qism. Zamonaviy tibbiyotda belladonna o'simligidan tayyorlangan preparatlar keng qo'llaniladi. Masalan, atropin sulfat oftalmologiyada diagnostika maqsadlarida, yurakning ba'zi ritm buzilishlarida, shuningdek, zaharlanishlarga qarshi vosita sifatida qo'llanadi. Skopolamin esa harakat kasalliklari (kinetoz)da, ya'ni dengiz yoki transport harakatidan kelib chiqadigan ko'ngil aynish va bosh aylanish holatlarida samarali dori sifatida tanilgan. Shuningdek, belladonna ekstraktlari me'da-ichak tizimi, jigar va siydik yo'llaridagi spazmlarni bartaraf etishda ham ishlatiladi.

Biroq belladonna o'zining foydali xususiyatlari bilan bir qatorda, yuqori darajada zaharli o'simlik hisoblanadi. Ayniqsa, mevalarining bexosdan iste'mol qilinishi bolalarda og'ir zaharlanish holatiga olib kelishi mumkin. Zaharlanish belgilari orasida og'iz qurishi, terining qurishi, yurak urishining tezlashuvi, ko'z qorachig'ining kengayishi, nutqning buzilishi, ongni yo'qotish va hatto o'lim holatlari ham qayd etilgan. Shu sababli belladonna preparatlari faqat shifokor ko'rsatmasi asosida va qat'iy dozalarda qabul qilinishi lozim.

Umuman olganda, belladonna o'simligi inson salomatligi uchun muhim farmakologik manba bo'lib xizmat qiladi. Uning dorivor moddalar asosida tayyorlangan preparatlari zamonaviy tibbiyotda keng qoʻllanilmoqda. Biroq bu oʻsimlik bilan ishlashda alohida ehtiyotkorlik va ilmiy yondashuv talab etiladi.

Tahlil va natijalar: Tadqiqotlar natijasida aniqlanishicha, Belladonna oʻsimligi tarkibidagi atropin, skopolamin va boshqa alkaloidlar sababli tibbiyotda keng qoʻllaniladi. Ayniqsa, yurak faoliyatini faollashtirish, koʻz qorachigʻini kengaytirish va ogʻriqni kamaytirishda muhim ahamiyatga ega. Zamonaviy farmatsevtika belladonnadan tayyorlangan preparatlarni nevrologiya, oftalmologiya va gastroenterologiyada samarali qoʻllamoqda. Shu bilan birga, oʻsimlikning kuchli taʼsirchanligi va zaharliligi tufayli uni faqat tibbiy nazoratda qoʻllash talab etiladi. Shunday qilib, belladonna — dorivor va ehtiyotkorlikni talab qiluvchi oʻsimlik boʻlib, undan toʻgʻri foydalanish sogʻliqni saqlashda katta foyda beradi.

Foydalanilgan adabiyotlar:

1. Мамедов, Н.М. Лекарственные растения: Энциклопедия. — Москва: РИПОЛ Классик, 2012. — 768 с.

2. Орипов, О. Dori-darmonlar ensiklopediyasi. — Toshkent: Fan va texnologiya, 2018. — 436 b.

3. Trease, G.E., Evans, W.C. Pharmacognosy. — 16th ed. — London: Saunders, 2009. — 603 p.

4. Tyler, V.E., Brady, L.R., Robbers, J.E. Pharmacognosy. — Philadelphia: Lea & Febiger, 1988.

5. WHO Monographs on Selected Medicinal Plants. Volume 2. — Geneva: World Health Organization, 2004. — pp. 32–46.

6. Yakovlev, G.P. Фармакогнозия: Учебник для фармацевтических ВУЗов. — Санкт-Петербург: Специальная литература, 2010. — 512 с.

7. Internet resurs:

https://www.ncbi.nlm.nih.gov (National Center for Biotechnology Information)

https://www.webmd.com/vitamins/ai/ingredientmono-885/deadly-nightshade (WebMD – Belladonna profiling)

https://www.drugs.com/npp/belladonna.html (Drugs.com – Belladonna overview)

Shiximova Dinora Alfraganus Universiteti Farmasiya yo'nalishi 4-bosqich talabasi.

DEPRES DORI MODDALARINING TOKSIKOLOGIK AHAMIYATI.

Annotatsiya: Ushbu maqolada depres (depressant) dori moddalarining toksikologik xususiyatlari, ularning organizmga ta'siri, dozaga bog'liq holatlari hamda zaharlanish xavfi tahlil qilinadi. Shuningdek, depressantlarning klinik holatlarda qo'llanishi va noto'g'ri foydalanish oqibatlari haqida ham fikr yuritiladi.

Kalit so'zlar: Depres dori moddasi, toksikologiya, markaziy asab tizimi, zaharlanish, dozalanish, farmakologik ta'sir.

Toxicological Significance of Depressant Drugs

Annotation: This article examines the toxicological characteristics of depressant drugs, their effects on the body, dose-dependent conditions, and the risk of poisoning. It also discusses their use in clinical settings and the consequences of misuse.

Keywords: Depressant drug, toxicology, central nervous system, poisoning, dosage, pharmacological effect.

Токсикологическое значение депрессантов

Аннотация: В данной статье рассматриваются токсикологические свойства депрессантов, их влияние на организм, состояния, зависящие от дозировки, и риск отравления. Также обсуждается их использование в клинических условиях и последствия неправильного применения.

Ключевые слова: Депрессант, токсикология, центральная нервная система, отравление, дозировка, фармакологическое действие.

Kirish: Zamonaviy tibbiyotda depressant (sokinlashtiruvchi) dori moddalar keng qo'llaniladi. Ular markaziy asab tizimini (MAT) sekinlashtiruvchi, uyqu chaqiruvchi va tashvishli holatlarni kamaytiruvchi ta'sirga ega. Biroq, ularning noto'g'ri qo'llanilishi yoki me'yordan oshirilgan dozasi og'ir toksik holatlarga, hatto o'limga olib kelishi mumkin. Shuning uchun ularning toksikologik ahamiyatini o'rganish dolzarb masala hisoblanadi.

Asosiy qism: Depresantlarga barbituratlar, benzodiazepinlar, opioidlar, va ayrim alkogol moddalari kiradi. Ular asosan MAT faoliyatini susaytirish orqali og'riqni kamaytirish, tashvishni bosish yoki uyqu chaqirish kabi ta'sirlarni namoyon qiladi. Ular tibbiyotda anesteziya, psixiatrik muolajalar va og'riqni yengillashtirishda keng qo'llaniladi.

Ushbu dori moddalarining toksik ta'siri doza, organizm holati va boshqa dori vositalari bilan o'zaro ta'siriga bog'liq. Depresantlarning haddan tashqari dozalari nafas olish markazini susaytirib, gipotoniya, koma, nafas yetishmovchiligi va o'limga olib kelishi mumkin. Ayniqsa, spirtli ichimliklar bilan birga qabul qilinganda toksik xavf kuchayadi.

Toksik holatlarda bemorda bosh aylanishi, uyquchanlik, nutq buzilishi, koordinatsiya yetishmovchiligi, past qon bosimi kabi belgilar kuzatiladi. Og'ir hollarda esa koma va apnoe rivojlanadi. Davolash simptomatik bo'lib, asosiy e'tibor hayotiy funksiyalarni saqlashga qaratiladi. Ayrim hollarda antidotlar (masalan, flumazenil — benzodiazepinlar uchun) qo'llaniladi.

Ushbu dorilar ichida tibbiyot amaliyotida keng qo'llaniladiganlaridan biri — Diazepam (Valium) bo'lib, u anksiyete, mushak spazmlari va uyqusizlikni bartaraf etishda ishlatiladi. Diazepam markaziy asab tizimini susaytirish orqali bemorni sokinlashtiradi, lekin uning dozasi me'yordan oshsa, nafas yetishmovchiligi, uyquchanlik, koordinatsiya buzilishi va og'ir hollarda koma holatlari yuzaga keladi. Ayniqsa, spirtli ichimliklar bilan birgalikda iste'mol qilinganda zaharlanish xavfi kuchayadi. Ushbu dorining toksik dozalari inson hayotiga jiddiy xavf tug'dirgani uchun faqat shifokor retsepti asosida beriladi.

Yana bir keng tarqalgan depressant — Phenobarbital bo'lib, u epilepsiya va uyqusizlikni davolashda foydalaniladi. Ushbu barbiturat guruhi vakili, kuchli uyqu keltiruvchi va tinchlantiruvchi xususiyatga ega. Phenobarbitalning haddan tashqari dozasi yurak urishini sekinlashtiradi, nafasni sustlashtiradi hamda og'ir hollarda o'limga olib kelishi mumkin. Bu dori ham qat'iy nazorat ostida, shifokor retsepti bilan qabul qilinadi.

Tahlil va natijalar: Tadqiqotlar shuni ko'rsatadiki, depressantlar sog'liq uchun foydali bo'lishi bilan birga, noto'g'ri yoki nazoratsiz qo'llanilganda katta xavf tug'diradi. Statistik ma'lumotlarga ko'ra, dunyo bo'yicha dorilardan zaharlanish holatlarining katta qismini aynan depresantlar tashkil etadi. Shuning uchun ularni belgilangan me'yor va tibbiy nazorat asosida qo'llash zarur.

Xulosa: Depres dori moddalarining toksikologik jihatdan o'rganilishi ularni xavfsiz va samarali qo'llashda muhim ahamiyat kasb etadi. Ularning salbiy oqibatlarini kamaytirish uchun dozalashga qat'iy rioya qilish, tibbiy maslahat bilan foydalanish va aholining bu boradagi bilimini oshirish lozim.

Amaliy kuzatuvlar va klinik ma'lumotlar shuni

ko'rsatadiki, depressant dori vositalari, xususan Diazepam va Phenobarbital, tibbiy muolajalarda muhim ahamiyatga ega bo'lishiga qaramay, noto'g'ri yoki nazoratsiz qo'llanilganda salbiy oqibatlarga olib keladi. Ayniqsa, ushbu moddalar organizmda markaziy asab tizimini susaytirishi orqali hayotiy muhim funksiyalarni – nafas olish, yurak faoliyatini izdan chiqarishi mumkin.

Statistik ma'lumotlar depres dori moddalari bilan bog'liq zaharlanish holatlari ko'pincha bu dorilarning noto'g'ri dozalanishi, spirtli ichimliklar bilan birga iste'mol qilinishi yoki shifokor nazoratisiz qabul qilinishidan kelib chiqayotganini ko'rsatmoqda. Shuning uchun ushbu dori moddalar faqat retsept asosida, aniq belgilangan me'yorda va doimiy tibbiy nazorat ostida qo'llanilishi kerak. Shu bilan birga, har bir tibbiy muassasa sog'liqni saqlash xodimlari va bemorlar o'rtasida bu borada yetarlicha tushuntirish ishlarini olib borishi lozim.

Foydalanilgan adabiyotlar

1. Rang H.P., Dale M.M., Ritter J.M., Flower R.J. Pharmacology, 6th Edition.

2. Katzung B.G. Basic and Clinical Pharmacology,

14th Edition.

3.WHO. Guidelines for the management of drug overdose and poisoning, 2022.

4.Oʻzbekiston Respublikasi Farmakologiya instituti materiallari, 2023.

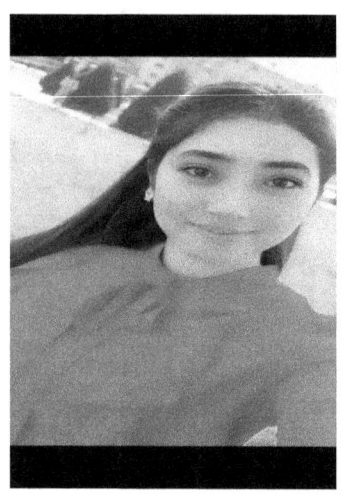

Kamolova Dilnoza Alfraganus Universiteti Farmasiya yo'nalishi 4-bosqich talabasi.

Farmatsevtning zamonaviy sharoitdagi vazifasi.

Annotatsiya: Ushbu maqolada zamonaviy farmatsevtning sog'liqni saqlash tizimidagi o'rni va asosiy vazifalari tahlil qilinadi. Farmatsevtning dorixona, klinik va ilmiy-amaliy faoliyatidagi roli, axborot berish, maslahatchilik, bioetik me'yorlarga rioya qilish kabi jihatlari ko'rib chiqilgan.

Kalit so'zlar: farmatsevt, sog'liqni saqlash, dori vositalari, bioetika, farmakoterapiya

Kirish: Hozirgi davrda sog'liqni saqlash tizimi tubdan o'zgarib bormoqda. Shu bilan birga, farmatsevt kasbining ham vazifalari va ijtimoiy ahamiyati kengaymoqda. Endilikda farmatsevt nafaqat dorilarni beruvchi, balki bemor salomatligini saqlashda bevosita ishtirok etuvchi mutaxassis sifatida qaralmoqda.

Farmatsevtning kasbiy tavsifi Farmatsevt dori vositalari va farmatsevtika xizmatlari bilan bog'liq bo'lgan barcha jarayonlarni boshqarish va ta'minlash orqali bemorlarning sog'lig'ini yaxshilashga yo'naltirilgan tibbiyot mutaxassisidir.

Asosiy vazifalari:

• Dori vositalarini taqsimlash: Retsept bo'yicha yoki retseptsiz dori vositalarini tarqatish, ularning xavfsizligi va to'g'ri qo'llanilishini ta'minlash.

• Dori vositalari haqida ma'lumot berish: Bemorlarga, shifokorlarga va boshqa tibbiyot xodimlariga dori vositalari, ularning ta'siri, nojo'ya ta'sirlari, o'zaro ta'sirlashuvi va to'g'ri qo'llanilishi haqida ma'lumot berish.

• Retseptlarni tahlil qilish: Shifokorlar tomonidan yozilgan retseptlarni tahlil qilish, dori vositalarining to'g'ri dozalanishi, o'zaro ta'sirlashuvi va allergiyalarni tekshirish.

• Dori vositalarini tayyorlash: Ba'zi dorixonalarda farmatsevtlar individual retseptlar bo'yicha dori vositalarini tayyorlashlari mumkin.

• Sog'liqni saqlash bo'yicha maslahatlar berish: Bemorlarga sog'lom turmush tarzi, kasalliklarning oldini olish va dori vositalaridan to'g'ri foydalanish bo'yicha maslahatlar berish.

• Dori vositalarini boshqarish: Dorixona zaxirasini boshqarish, dori vositalarining saqlanish sharoitlarini ta'minlash va muddati o'tgan dori vositalarini utilizatsiya qilish.

• Tibbiyot xodimlari bilan hamkorlik qilish: Shifokorlar, hamshiralar va boshqa tibbiyot xodimlari bilan bemorlarning davolanishi bo'yicha hamkorlik qilish.

• Klinik tadqiqotlarda ishtirok etish: Dori vositalarining samaradorligi va xavfsizligini baholash uchun klinik tadqiqotlarda ishtirok etish.

• Kasbiy bilim va ko'nikmalarni doimiy ravishda oshirish: Farmatsevtika sohasidagi yangiliklar va o'zgarishlardan xabardor bo'lish, kasbiy bilim va ko'nikmalarni doimiy ravishda oshirib borish.

Talab qilinadigan malakalar:

• Farmatsevtika bo'yicha oliy ma'lumot (farmatsevtika fakultetini tamomlaganlik).

• Farmatsevtika sohasida litsenziya yoki sertifikatga ega bo'lish.

• Dori vositalari, farmakologiya va farmatsevtika qonunchiligi bo'yicha chuqur bilim.

• Muloqot qilish, maslahat berish va muammolarni hal qilish qobiliyati.

• Diqqatli, mas'uliyatli va axloqiy bo'lish.

Asosiy qism: Farmatsevtning zamonaviy vazifalari quyidagilarni oʻz ichiga oladi:

– Dori vositalarining toʻgʻri, xavfsiz va samarali qoʻllanilishini taʼminlash;

– Bemor va shifokorga farmakologik maslahatlar berish;

– Dorilarning sifatini, yaroqliligini nazorat qilish;

– Nojoʻya taʼsirlar haqida xabardorlikni oshirish;

– Farmakovijilansiya va klinik farmatsiya sohalarida ishtirok etish.

Farmatsevt bugun shifokor bilan hamkorlikda

bemorga individual yondashishni ta'minlaydi. Bunda bioetik me'yorlarga, axborot maxfiyligiga va bemorning huquqlariga rioya qilish muhim o'rin tutadi.

Farmatsevtning zamonga moslashib ishlashi uchun quyidagi yo'llarni tavsiya etiladi.

1. Texnologiyalarni o'zlashtirish:

• Elektron retseptlar (E-retsept): Elektron retseptlarni qabul qilish, tahlil qilish va ularni dorixonada amalga oshirish tizimlarini yaxshi bilish.

• Dori vositalari ma'lumotlar bazasi: Dori vositalari, ularning ta'siri, nojo'ya ta'sirlari va o'zaro ta'sirlashuvi haqidagi onlayn ma'lumotlar bazalaridan foydalana olish.

• Dorixona boshqaruv tizimlari: Dorixona zaxirasini boshqarish, sotuvlarni kuzatish va hisobotlarni yaratish uchun dasturiy ta'minotlardan foydalana olish.

• Telefarmatsiya: Masofadan turib maslahat berish, dori vositalarini yetkazib berish va bemorlarni kuzatish uchun telekommunikatsiya texnologiyalaridan foydalanish.

2. Kasbiy bilim va ko'nikmalarni doimiy oshirish:

•	Doimiy ta'lim: Farmatsevtika sohasidagi yangiliklar, dori vositalarining yangi avlodlari, davolash usullari va qonunchilikdagi o'zgarishlar haqida muntazam ravishda o'qish va o'rganish.

•	Seminarlar va konferensiyalarda qatnashish: Kasbdoshlar bilan tajriba almashish, yangi bilimlarni o'rganish va sohadagi tendensiyalardan xabardor bo'lish.

•	Ilmiy maqolalar o'qish: Farmatsevtika jurnallarida chop etilgan ilmiy maqolalarni o'qish va tahlil qilish orqali yangi tadqiqotlar va innovatsiyalardan xabardor bo'lish.

•	Sertifikatsiya dasturlarida qatnashish: Farmatsevtika sohasidagi muayyan yo'nalishlar bo'yicha (masalan, klinik farmatsiya, geriatriya farmatsiyasi) sertifikatlarni olish orqali o'z malakasini oshirish.

3. Bemorlarga yo'naltirilgan xizmat ko'rsatish:

•	Empatiya va muloqot ko'nikmalari: Bemorlarning ehtiyojlarini tushunish, ularga dori vositalari haqida tushunarli va aniq ma'lumot berish, savollariga sabr bilan javob berish.

• Individual maslahatlar berish: Har bir bemorning shaxsiy holatini hisobga olgan holda, ularga dori vositalaridan to'g'ri foydalanish, nojo'ya ta'sirlarni boshqarish va sog'lom turmush tarzi haqida maslahatlar berish.

• Bemorlarning dori vositalariga rioya qilishini qo'llab-quvvatlash: Dori vositalarini qabul qilish jadvalini eslatib turish, dori qutichalarini tashkil qilish va boshqa usullar bilan bemorlarga dori vositalarini muntazam qabul qilishga yordam berish.

• Sog'liqni saqlash bo'yicha tadbirlarda qatnashish: Mahalliy jamoalarda sog'liqni saqlash bo'yicha tadbirlarda qatnashish, bepul maslahatlar berish va sog'lom turmush tarzini targ'ib qilish.

4. Tibbiyot xodimlari bilan hamkorlikni mustahkamlash:

• Shifokorlar bilan muloqot: Shifokorlar bilan dori vositalarini tanlash, dozalash va nojo'ya ta'sirlarni boshqarish bo'yicha muntazam ravishda muloqot qilish.

• Hamshiralar bilan hamkorlik: Hamshiralar bilan dori vositalarini qabul qilish jarayonini nazorat qilish va bemorlarga dori vositalari haqida ma'lumot berish bo'yicha hamkorlik qilish.

• Tibbiyot jamoalarida ishtirok etish: Tibbiyot jamoalarida dori vositalari bilan bog'liq masalalarni muhokama qilish va bemorlarning davolanishini yaxshilash bo'yicha takliflar berish.

5. Axloqiy va qonuniy talablarga rioya qilish:

• Farmatsevtika qonunchiligini bilish: Dori vositalarini ishlab chiqarish, sotish, saqlash va taqsimlash bilan bog'liq bo'lgan barcha qonun va qoidalarni bilish.

• Maxfiylikni saqlash: Bemorlarning shaxsiy ma'lumotlarini va dori vositalari haqidagi ma'lumotlarini maxfiy saqlash.

• Axloqiy me'yorlarga rioya qilish: Halollik, adolatlilik va bemorlarning manfaatlari yo'lida harakat qilish.

Ushbu maslahatlarga amal qilish orqali farmatsevt zamonga moslashib, kasbiy mahoratini oshirishi va bemorlarga yanada sifatli xizmat ko'rsatishi mumkin.

Xulosa.

Zamonaviy farmatsevt – bu sog'liqni saqlash tizimida yetuk bilim va ko'nikmaga ega, bioetik normalarga sodiq, mas'uliyatli mutaxassisdir. U faqat dorixona xodimi emas, balki bemor sog'lig'ini tiklash va saqlash yo'lida faol ishtirok etuvchi tibbiyot jamoasining muhim a'zosi hisoblanadi.

Farmatsevtning zamonaviy sharoitga moslashuvi unga va umuman sog'liqni saqlash tizimiga quyidagi ijobiylikni olib kelqdi:

1. Bemorlar uchun yaxshiroq natijalar:

• Davolanish samaradorligining oshishi: Zamonaviy farmatsevt bemorlarga dori vositalarini to'g'ri qabul qilish, nojo'ya ta'sirlarni boshqarish va dori vositalari bilan bog'liq muammolarni hal qilishda yordam beradi. Bu davolanish samaradorligini oshiradi va bemorlarning sog'lig'ini yaxshilaydi.

• Kasalxonaga yotqizishning kamayishi: Dori vositalari bilan bog'liq muammolar (masalan, noto'g'ri dozalash, o'zaro ta'sirlashuv) kasalxonaga yotqizishning asosiy sabablaridan biri hisoblanadi. Zamonaviy farmatsevt bu muammolarning oldini oladi va kasalxonaga yotqizishni kamaytiradi.

• Bemorlarning qoniqish darajasining oshishi:

Zamonaviy farmatsevt bemorlarga shaxsiy yondashadi, ularning ehtiyojlarini tushunadi va ularga sifatli xizmat ko'rsatadi. Bu bemorlarning qoniqish darajasini oshiradi va ularning dorixonaga ishonchini mustahkamlaydi.

2. Farmatsevt uchun kasbiy o'sish imkoniyatlari:

• Yangi kasbiy rollarni egallash: Zamonaviy farmatsevt faqatgina dori vositalarini tarqatish bilan cheklanib qolmaydi. U klinik farmatsevt, maslahatchi farmatsevt, tele-farmatsevt va boshqa yangi kasbiy rollarni egallashi mumkin.

• Daromadning oshishi: Kasbiy mahoratini oshirgan va yangi xizmatlarni taklif qilgan farmatsevt o'z daromadini oshirishi mumkin.

• Ishdan qoniqishning oshishi: Bemorlarga yordam berish, davolanish natijalarini yaxshilash va tibbiyot jamoasida o'z o'rnini topish farmatsevtning ishdan qoniqish darajasini oshiradi.

3. Dorixona biznesi uchun foydalar:

• Mijozlar sodiqligining oshishi: Sifatli xizmat ko'rsatgan va bemorlarga shaxsiy yondashgan dorixona mijozlar sodiqligini oshiradi.

• Sotuvning oshishi: Yangi xizmatlarni taklif qilgan va mijozlarning ehtiyojlarini qondirgan dorixona sotuvini oshirishi mumkin.

• Reklama va marketing imkoniyatlari: Zamonaviy dorixona o'zining yangi xizmatlari va innovatsion yondashuvlarini reklama qilish va marketing qilish orqali yangi mijozlarni jalb qilishi mumkin.

• Raobatbardoshlikning oshishi: Zamonaviy dorixona boshqa dorixonalardan ajralib turadi va raqobatda ustunlikka ega bo'ladi.

4. Sog'liqni saqlash tizimi uchun foydalar:

• Dori vositalariga sarflanadigan xarajatlarning kamayishi: Zamonaviy farmatsevt dori vositalaridan noto'g'ri foydalanish, takroriy retseptlar va boshqa muammolarni hal qilish orqali dori vositalariga sarflanadigan xarajatlarni kamaytiradi.

• Sog'liqni saqlash xarajatlarining kamayishi: Kasalxonaga yotqizishning kamayishi, davolanish samaradorligining oshishi va dori vositalariga sarflanadigan xarajatlarning kamayishi sog'liqni saqlash xarajatlarini kamaytiradi.

• Sog'liqni saqlash tizimining samaradorligining

oshishi: Zamonaviy farmatsevt tibbiyot xodimlari bilan hamkorlik qilish, dori vositalari haqida ma'lumot berish va bemorlarga maslahat berish orqali sog'liqni saqlash tizimining samaradorligini oshiradi.

Farmatsevtning zamonaviy sharoitga moslashuvi bemorlar, farmatsevt, dorixona biznesi va umuman sog'liqni saqlash tizimi uchun ko'plab ijobiy natijalarga olib keladi. Zamonaviy farmatsevt bilimli, malakali, texnologiyalardan foydalana oladigan va bemorlarga shaxsiy yondasha oladigan mutaxassis bo'lishi kerak. Bu farmatsevtika sohasining kelajagi va bemorlarning sog'lig'ini yaxshilash uchun muhim qadamdir.

Foydalanilgan adabiyotlar:

1. O'zbekiston Respublikasi "Dori vositalari va farmatsevtika faoliyati to'g'risida"gi Qonuni, 2023.

2. WHO: The role of pharmacist in health care systems, 2021.

3. Daminova N. "Zamonaviy farmatsiya amaliyoti", Toshkent, 2022.

Alfraganus universitet Tibbiyot fakulteti Farmasevtika yo'nalishi Jo'raboyeva Xusnora Farmatsiya 2-kurs talabasi.

Vitaminlar : organizmdagi roli va dori shaklidagi manbalari .

Annotatsiya : Mazkur maqolada vitaminlarning inson organizmidagi biologik roli , ularning yetishmovchiligi oqibatlari , shuningdek . dori shaklida mavjud bo'lgan, manbalari haqida ilmiy asoslangan ma'lumotlar keltirilgan . Vitaminlarni tabiiy manbalar orqali yoki farmasevtik preparatlar ko'rinishida iste' mol qilishning afzalliklari va ehtiyod choralariga ham to'xtalinadi .

Kalit so'zlar: Vitaminlar , biologik rol, dori

shakli , yetishmovchilik, tabletkalar . polivitaminlar .

Mavzuning dolzarbligi : Vitaminlar – bu oz miqdorda kerak bo'ladigan , ammo organizmda hayotiy muhim biologik jarayonlarda ishtirok etuvchi organik birikmalardir . Ular energiya manbai bo'lmasa- da, fermentativ faoliyat , immunitet , o'sish va rivojlanishida , shuningdek , to'qimalarning yangilanishda muhim rol o'ynaydi . Tabiiy oziq – ovqat tarkibida mavjud bo'lgan vitaminlar yetarli darajada bo'lmaganda , organizmda turli fiziologik buzilishlar yuzaga keladi . Shu sababli farmasevtika sanoatida vitaminlar dori shaklida ishlab chiqarilib , ularning tanqisligi davolash yoki profilaktik maqsadlarda ishlatilib kelmoqda .

Vitaminlarning asosiy turlari va ularning organizmdagi vazifalari , vitaminlar kimyoviy xossalariga ko'ra ikki asosiy guruhga bo'linadi .

- Yog'da eruvchi vitaminlar: A, D, E . K

Suvda eruvchi vitaminlar : B guruhi vitaminlari (B1. B2. B6, B12 va boshqalar) hamda , C vitamini

Barcha vitaminlarning organizmga o'z

vazifalari mavjud :

A vitamini (Retinol) – ko'rish pigmenti (rhodopsin) tarkibiga kirib , qorong'ilikda ko'rishni ta'minlaydi , teri va shilliq qavatlarning sog'lomligi uchun zarur .

D vitamini (kaltsiferol) – kalsiy va fosfor almashinuvi boshqaradi , suyak va tishlarning rivojlanishida ishtirok etadi .

E vitamini (tokoferol) – antioksidant xossaga ega , hujayralarni oksidlovchi shikastlanishdan himoya qiladi .

K vitamini (filloxinon) - qon ivishida muhim ahamiyatga ega .

Suvda eruvchi vitaminlar bular :

C vitamini (askorbin kislotasi) – kollagen sintezi , immutetni mustahkamlash, temir so'rilishini yaxshilashga xizamat qiladi .

B1 (tiamin) B2 (riboflavin) , B6 (piridoksin) , B12 (kobalamin) - asab tizimi faoliyatini tartibga solidi , eritrositlar ishlab chiqarilishida , oqsillar , yog' va uglevodlar almashinuviga yordam beradi .

Vitaminlarni haddan ortiq iste'mol qilish

Gipervitaminoz holatiga olib kelishi mumkin . masalan A va D vitaminlarining ortiqcha dozalari jigar shikastlanishi , suyak deformatsiyasi va boshqa toksik holatiga sabab bo'ladi , shuning uchun ham vitaminlarni faqat shifokor tavsiyasi bilan va dozaga qat'iy rioya qilgan holda qabul qilish tavsiya etiladi .

Xulosa. Vitaminlar inson salomatligini saqlashda muhim o'rin tutadi . Ularning yetarli miqdorda iste'mol qilinishi orqali ko'plab kasalliklarning oldini oladi . Zamonaviy farmasevtika vitaminlarni turli shakllarda ishlab chiqarib , ularni dori shaklida qo'llash imkoniyatini kengaytirmoqda. Tabiiy oziq – ovqat manbakaridan foydalanish esa eng maqbul va xavfsiz usul hisoblanadi .

Sa'dullayeva Saida Jasurbek qizi.Tibbiyot fakulteti Farmatsiya yoʻnalishi 2 -kurs talabasi.

MOMORDIKA O'SIMLIGINI DORIVOR XUSUSIYATI XALQ TABOBATIDAGI AHAMIYATI.

Ilmiy rahbari dots.Qalandarov Qobil Suyarovich

Toshkent shahar Alfraganus University.

Annotatsiya:

Maqolada momordika o'simligini dorivor xususiyatilari haqida, umumiy ma'lumotlari keltirilgan.Momordika -mamlakatimiz uchun yangi o'simlik turi hisoblanib, bu o'simlik haqida olib borilgan tadqiqotlar juda kam. Momordika hozirgi kunda asosan dunyo davlatlari orasida Yaponiya ,Xitoy, Koreya ,Hindistonda ko'p yetishtiraladi.Momordika o'simligini xalq xo'jalikdagi ahamiyati va dorivor xususiyatlari haqida ma'lumotlar bayon etiladi.

Abstract:

The article provides general information about the medicinal properties of the motherwort plant. Motherwort is considered a new plant species for our country, and there are very few studies conducted on this plant. Currently, Momordica is widely grown in Japan, China, Korea, and India among the countries of the world.

Резюме: В статье приведены общие сведения о лечебных свойствах растения Момордика считается новым для нашей страны видом растения, и исследований по этому растению проведено очень мало. В настоящее время момордика широко выращивается в Японии, Китае, Корее, Индии и других странах мира.

Momordika kelib chiqish vatani Hindiston va Xitoy bo'lib, hozirgi kunda manzarali va shifobaxsh o'simlik sifatida Janubiy Osiyoning barcha mamlakatlarida yetishtirilmoqda.Bu o'simlik o'zining dorivorlik xususiyatlari, antiqa nomlari va ajoyib tashqi ko'rinishi bilan insonlarni o'ziga jalb qiladi.

Momordika ildizlarida revmatizmni davolashda ishlatiladiladigan moddalari-triterpen saponinlari mavjud . Zamonaviy tadqiqotlar shuni ko'rsatadiki mevada mavjud bo'lgan aralashmalarning ayrim turlari antiviral va antibacterial faollik tufayli gepatit va OIVni davolashda ishlatilishi mumkin.

Momordika o'zining dorivorlik xususiyatlari va ko'plab kasalliklarga tabiiy davo bo'lib hisoblangani bois butun dunyo tabobatida va zamonaviy tibbiyotdagi alohida o'rin ega.Shifobaxsh momordika O'zbekistonga olib yetishtirish va foydalanishni yo'lga qo'yish orqali insonlarda kelib chiqadigan kasalliklarni oldini olib salomatligini tobora yaxshilishga hissa qo'shgan bo'lar edik.

Momordika o'simligidan kimyoviy prepratlardan tashqari an'anaviy sharq tabobatida chinakam dorivor o'simlik mahsuloti sifatida foylanib kelishmoqda. Bu esa sog'lom turmush tarzini kimyoviy moddalarsiz dorivor o'simliklar mahsulotlariga bo'lgan talabni qondirish qobilyatini ta'minlab qo'shimcha o'rganishni talab qilsada tasdiqlangan dorivor xususiyatlari to'g'ri ishlatilganda ko'zlangan maqsadga erishiladi.

1-rasm:Momordika O'simligi .

Momordika o'simlik qismlarini o'ziga xos dorivor xususiyatlari :

•Urug'lari yallig'lanishga qarshi istma tushiruvchi, antiseptik shishni yengillashtirish xususiyatlariga ega.

•Mevalari cho'zinchoq shaklda mevalari pishish davrida o'z rangini och sariqdan to'q sariqgacha o'zgartiradi. Uning barcha qismlari mahsus bezli tuklar bilan qoplangan.Shuning uchun o'simlik bilan ishlash vaqtida odam terisining tirnalishi oqibatida teri sohasida kuyishlar paydo bo'lishi mumkin, shuning uchun qo'lqop bilan ishlash tavsiya etilishi lozim.Pishgan mevaning ichki qismida to'q qizil go'shtdor eti mavjud, shu qismi anor o'simliging perikarpasiga o'xshab ko'rinadi.Mevalar o'zida juda ko'p dorivorlik xususiyatlarini o'zida mujassam etgan.Bu qismi noyoblik jihatdan o'simlikning barcha qismlaridan ustundir,ular saraton hujayralarini o'sishiga to'sqinlik qilib kasallikni faoliyatini susaytiradi hatto ba'zan butunlay davolash darajasiga ham erishish mumkin.Momordika ekstrakti melanomalarini, sarkoma va kasallikda lykemiya kasalligiga uchragan bemorlarni davolash paytida ishlatilib ijobiy samaraga erishiladi.Bundan tashqari momordika o'simligidan gepatit,jigar saratoni yuqumli va surunkali kasalliklarda davolaniladi.

•O'simlik tarkibida oshqozon osti bezi hujayralarini sonini ko'paytirish va insulin gormoni ishlab chiqarish xusiyatini ta'minlaydigan harontin moddasi borligi tufayli qandli diabet bilan og'rigan bemorlarni sog'ligini saqlab shakar miqdorini kamaytirib turadi.Tanani toksinlardan kamaytirib tozaalab immunitetni oshiradi. Yangi mevasida foli kislotalari bo'lib, suyaklanish jarayonida qatnashadi.Eng kuchli antioksidant likopen ham bor.

Barglarida tarkibida P va uglevodlar, oqsillarga

juda boy. Barglaridagi ekstrakti oddiy stafilokoklarni shu bilan birga OIV ni ham yo'qitishi mumkin.

Ildizidan tritepen saponini mavjud ekanligi aniqlanib revmatizimni kasalligi davolanadi. Bundan tashqari ildizidan bronxitda ekspektoron sifatida faol ishlatiladi.

Momordikani vazn yo'qotishda foydalanish mumkin. Chunki o'simlik tarkibida 80-85 foiz suv bor.

Momordika o'simlikni kimyoviy tarkibi ;

O'simlikni ozuqaviy qiymati 100 g mahsulotda 15-19 kkalga teng , bundan tashqari o'simlikda yog' miqdori 0,1 g , uglevodlarda -3 g, oqsil 0,8 g, suv 80 g tashkil etadi . Momordika mevasi tarkibida A, B , F, E , C va PP vitaminlari shuningdek , flavonoidlar , alkaloidlari , organic kislotalar , aminokislotalar .

Farmasevtika sanoatida o'simlik ekstrakti o'z ichiga olgan yengil tuzli eritma ishlab chiqariladi . Eritma og'iz orqali qabul qilinadi teri ostiga , mushak ichiga , tomir ichiga yuboriladi .

2-rasm:Momordika o'simligining quritilgan va damla holatida.

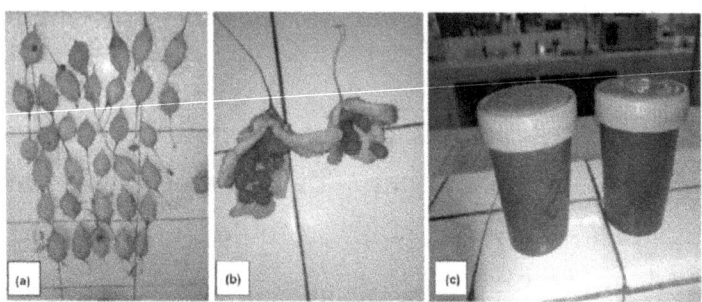

Xalq tabobatida momordika o'simlikning mevalari va urug'lari damlamani qaynatmani tayyorlash uchun ishlatiladi.

Urug'ining qaynatmasin skleroz, diyuretik, prostatit, hemoroid uchun ishlatiladi.

Mevasidan tayyorlangan damlamasi –yo'tal, revmatizm, burun oqishi kabi kasalliklarda yaxshi natija beradi. Mevalarini maydalab, shisha idishga solib 0.4 litr spirt quyiladi so'ng usti yopiladi 2 hafta salqin joyga qo'yiladi.

Damlama tayyor bo'lgandan keyin och qoringa 30 daqiqa oldin 3 mahaldan ichish tavsiya etiladi lekin bu o'simlik xususiyatini rasmiy tibbiyot tasdiqlanmagan.

Yaponiyada bu o'simlik mashxur bo'lib odamning uzoq umr ko'rish sabablaridan biri xisoblanadi.

Momordika o'simligini foydali xususiyatlariga ega bo'lishidan qat'iy nazar iste'mol qilishda me'yoriy talablarga rioya qilishi kerak.

Momordika o'simligidan foydalanish mumkin bo'lmagan holatlar : ushbu ekzotik prepratni homilador ayollar foydalanmasligi kerak

An'anaviy tibbiyotda foydalanish.

Momordika uzoq vaqt davomida Osiyo va Afrikada tibbiyot tizimlarida ishlatilgan. Turkiyada u turli kasalliklar, xususan, oshqozon shikoyatlari uchun davo sifatida ishlatilgan .Hindistonning an'anaviy tibbiyotida o'simlikning turli qismlari qandli diabet (ayniqsa, polipeptid-p, insulin analog oshqozon, laksatif, antibiotik, qusish, antigelmintik vosita sifatida ishlatiladi. yo'tal, nafas olish kasalliklari, teri kasalliklari, yaralar, oshqozon yarasi, podagra va revmatizm kabi kasalliklarga davo sifatida ishlatilgan.

Salbiy ta'sirlar.

Aniqlanga nojo'ya ta'sirlarga diareya, qorin

og'rig'i, isitma, gipoglikemiya, siydik o'g'irlab ketish va ko'krak og'rig'i kiradi. Simptomlar odatda engil, davolanishni talab qilmaydi va dam olish bilan yo'qoladi.

Xulosa:

Momordika o'simligini xulosa qilib aytish mumkinki , ko'plab kasalliklarga davo bo'lishini ko'rishimiz mumkin.O'simlik yana oziq – ovqat sanoatida hamda, estetik zavq olish uchun ham ekib o'stirish mumkin . Ma'lumot o'rnida aytishimiz mumkinki,momordika o'simligidan shifobaxsh damlamalar,xalq tabobatida qanday qo'llanishi haqida fikrlar aytib o'tilgan.Maqolada momordika o'simligini ko'paytirish hamda takomillashtirish orqali dorivor o'simliklar salmog'ini yanada oshirish bilan birga undan samarali foydalanish yo'llari yoritib berilgan.

Foydalanilgan adabiyotlar.

1.Atabayeva X . O'simlikshunoslik, - Toshkent , 2004.

2.Xolmatov H.X Ahmedov O'.A. Farmakognoziya Toshkent 1995.

3.Teshaboyev, N., Abduraximova, M., Eshpulatov, A., & Mahkamova, D. (2021, July).

Ecological culture is a demand of today. In Конференции.

4. Turdaliev A., Yuldashev G., Askarov K. and Abakumov E. (2021) Chemical and Biogeochemical Features of Desert Soils of the Central Fergana. Agriculture (Pol'nohospodarstvo), Vol.67 (Issue 1), pp. 16-28. https://doi.org/10.2478/agri-2021-0002.

5. Askarov K., Musayev I., Turdaliev A., Eshpulatov Sh. (2020) "Geochemical barriers in irrigated soils and the impact of them on plants." European Journal of Molecular & Clinical Medicine, 7, pp. 3082-3089.

6.Турдалиев А.Т., Аскаров К.А., Мирзаев Ф.А.У. Морфологические особенности орошаемых почв Центральной Ферганы //Почвы и окружающая среда. - 2019. - Т. 2. №3. С. 56-61.

7. Saminov A.A. O'G'Li, Abdug'aniyeva D.O'. Qizi., Nazirova B.H.Qizi. Dollar daraxtining yetishtirish texnologiyasi //Science and innovation. - 2022. - Т. 1. - №. D3. - С. 297-300.

8. Mamanazarov B. S., Xoshimova N.G., Saminov A.A., Petrushka o'simligini yetishtirish va undan oqilona foydalanish //Science and innovation. - 2022. - Т.1.- №. D3. - С. 259-262.

Alfraganus Unversiteti Tibbiyot fakulteti Davolash ishi yo'nalishi 2-bosqich talabasi Urolova Nigina.

GLOBAL EKOLOGIK MUAMMOLAR, CHO'LLANISH VA OZIQ-OVQAT XAVFSIZLIGI.

Urolova Nigina

Alfraganus Universiteti Tibbiyot fakulteti, Davolash ishi yo'nalishi.

Annotatsiya:

Mazkur maqolada global ekologik muammolar, xususan cho'llanish jarayoni va uning oziq-ovqat xavfsizligiga ta'siri o'rganilgan. Tadqiqotda statistik ma'lumotlar, ilmiy maqolalar va xalqaro hisobotlar tahlili asosida zamonaviy ekologik muammolar tahlil qilinadi. Xususan, choʻllanishning sabablari, oqibatlari va unga qarshi kurashish mexanizmlari yoritiladi. Shuningdek, oziq-ovqat xavfsizligining asosiy omillari va ekologik muhit bilan bogʻliqligi oʻrganiladi. Maqola yakunida global miqyosda ekologik barqarorlikni taʼminlash boʻyicha tavsiyalar beriladi.

Kalit soʻzlar:

ekologik muammolar, choʻllanish, oziq-ovqat xavfsizligi, barqarorlik, iqlim oʻzgarishi.

Kirish. Hozirgi kunda insoniyat global miqyosda jiddiy ekologik muammolarga duch kelmoqda. Ayniqsa, choʻllanish jarayoni inson hayoti va iqtisodiyotiga salbiy taʼsir koʻrsatmoqda. Bu jarayon tuproq unumdorligini pasaytiradi, suv resurslariga bosim oshadi va oziq-ovqat xavfsizligiga tahdid soladi. Birlashgan Millatlar Tashkiloti bu holatni global ekologik inqirozning muhim omillaridan biri sifatida koʻrsatmoqda.

Global ekologik muammolar. Global ekologik muammolar–bu inson faoliyati va tabiiy jarayonlar natijasida yuzaga kelayotgan salbiy ekologik holatlardir. Ular orasida iqlim o'zgarishi, suv resurslarining kamayishi, o'rmonlarning qisqarishi, havo va suv ifloslanishi, cho'llanish va biologik xilma-xillikning yo'qolishi kiradi.

Cho'llanish jarayoni.Cho'llanish – bu yerlarning unumdorligi pasayib, yaroqsiz holga kelish jarayonidir. Cho'llanishga asosiy sabablar: iqlim o'zgarishi, noto'g'ri yer ishlov berish, o'rmonlarning kesilishi, ortiqcha chorva boqish va suv tanqisligi. Bu holat dunyoda 100 dan ortiq mamlakatlarda kuzatilmoqda. O'zbekiston ham cho'llanishdan jiddiy aziyat chekayotgan mintaqalardan biridir, ayniqsa Qoraqalpog'iston Respublikasi va Navoiy viloyati hududlarida bu jarayon faol kechmoqda.

Oziq-ovqat xavfsizligi. Oziq-ovqat xavfsizligi – har bir insonning sifatli, xavfsiz va yetarli oziq-ovqatga doimiy kirish imkoniyatini anglatadi. Cho'llanish sababli yerlarning unumdorligi pasayadi, bu esa qishloq xo'jalik mahsulotlari ishlab chiqarishiga salbiy ta'sir ko'rsatadi. Natijada oziq-ovqat mahsulotlari yetishmovchiligi va narxlarning oshishi kuzatiladi.

Tadqiqot uslubi. Ushbu maqola yozilishida

tahliliy va taqqoslovchi uslublar qoʻllanildi. Xalqaro ekologik tashkilotlar maʼlumotlari, ilmiy maqolalar va statistik koʻrsatkichlar asosida choʻllanish va oziq-ovqat xavfsizligi oʻrtasidagi bogʻliqlik yoritildi. Oʻzbekiston misolida mahalliy holatlar ham tahlil qilindi.

Xulosa va tavsiyalar. Choʻllanish jarayoni va oziq-ovqat xavfsizligi oʻrtasidagi bevosita bogʻliqlik mavjud. Ushbu muammolarni bartaraf etish uchun quyidagi choralarni amalga oshirish zarur.

Yer va suv resurslaridan oqilona foydalanish

Qishloq xoʻjaligida innovatsion va ekologik toza texnologiyalarni joriy qilish

Choʻl hududlarni yashil hududlarga aylantirish boʻyicha milliy dasturlarni qoʻllab-quvvatlash

Ekologik taʼlim va targʻibotni kuchaytirish

Xalqaro ekologik tashabbuslarda faol ishtirok etish.

Xulosa. Global ekologik muammolar, xususan choʻllanish va uning natijasida yuzaga kelayotgan oziq-ovqat xavfsizligi tahdidlari insoniyat oldida dolzarb masalalardan hisoblanadi. Muammoni hal qilish uchun kompleks yondashuv, barqaror rivojlanish strategiyasi va xalqaro hamkorlik zarur. O'zbekiston uchun ham bu masala strategik ahamiyatga ega bo'lib, uzoq muddatli ekologik va iqtisodiy siyosat orqali ijobiy natijalarga erishish mumkin.

Alfraganus Universiteti nodavlat tashkiloti

Davolash ishi yo'nalishi 2-bosqich talabasi

G'ayratova Gulrux Firdavs qizi

Ilmiy rahbar. Islomova Mohinur Tolib qizi

SURUNKALI BUYRAK KASALLIKLARINI DAVOLASH VA UNING PROFILAKTIKASI.

Annotatsiya:

Surunkali buyrak kasalligi (SBK) – bu

buyraklarning 3 oydan ortiq davom etadigan morfologik yoki funksional buzilishidir, GFR (glomerulyar filtrlatsiya tezligi) 60 ml/min/1.73 m² dan past boʻlishi yoki buyraklarda struktura oʻzgarishlari bilan tavsiflanadi. Epidemiologik ma'lumotlarga koʻra, dunyo boʻyicha har 10 kishidan biri SBK bilan yashaydi. Kasallikning klinik asoratlari yurak-qon tomir kasalliklari, anemiya, suyak metabolizmi buzilishlari va oxir-oqibat terminal buyrak yetishmovchiligi bilan murakkablashadi.

Kalit so'zlari:

surunkali buyrak kasalligi, nefroproteksiya, glomerulyar filtratsiya, gemodializ, profilaktika, anemiya, metabolik asidoz.

SBK rivojlanishining asosiy sabablarini quyidagicha tasniflash mumkin: Diabetik nefropatiya – mikrovaskulyar asorat sifatida yuzaga chiqadi. Glomerulyar bazal membrananing qalinlashuvi, mezangial kengayish va skleroz bilan tavsiflanadi. Gipertenzion nefroskleroz – uzoq muddatli arterial gipertenziya fonida buyrak arteriyalari va arteriolalarining fibroziga olib keladi. Glomerulonefritlar – immun komplekslar bilan bogʻliq autoimmun kasalliklar natijasida glomerulyar filtratsiyaning buzilishi. Polikistik buyrak kasalligi, refluks nefropatiyasi, uzoq muddatli nefrotoksik dorilar qabul qilish – SBKning boshqa sabablari hisoblanadi. Patogenezi asosan nefronlarning progressiv yoʻqolishi, kompensator gipertrofiya va rezidual nefronlar yuklamasining ortishi natijasida ularning ham degeneratsiyalanishi bilan kechadi. Bu esa "nefron-to-nefron" spirali orqali terminal bosqichga olib keladi. Klinik belgilar va diagnostika SBK asosan sekin rivojlanadi. Bosqichma-bosqich quyidagi simptomlar kuzatiladi: Oliguriya, nokturiya Giperazotemiya, metabolik asidoz Anemiya (eritropoetin sekretsiyasi pasaygani sababli) Osteodistrofiya (D vitamin aktivatsiyasining buzilishi va giperparatireoz) Yurak yetishmovchiligi va perikardit Diagnostik mezonlar: GFR baholash (CKD-EPI yoki MDRD formulalari asosida) Siydikda albuminuriya (>30 mg/g kreatinin) Buyraklar UTT (atrofiya, kortikal qatlamning yupqalashuvi) Biokimyoviy tahlillar: kreatinin, karbamid, elektrolitlar, kalsiy-fosfor metabolizmi

Davolash prinsiplari.

Davolash SBKning stadial bosqichlariga

mos ravishda olib boriladi: Patogenetik davolash – asosiy etiologik omilni yo'qotish (masalan, glyukozani nazorat qilish, qon bosimini me'yorlashtirish). Simptomatik terapiya – suyuqlik balansini boshqarish, anemiyani eritropoetin preparatlari bilan tuzatish, dietoterapiya (oqsil, fosfor, kaliy cheklovi). Fosfat bog'lovchilar, D vitamin analoglari – suyak mineral metabolizmi buzilishlarida. Renin-angiotenzin tizimini bloklovchi vositalar (ACEI, ARB) – nefroprotektiv ta'sirga ega. Terminal bosqich – substitutsion terapiya: gemodializ, peritoneal dializ yoki buyrak transplantatsiyasi.

Profilaktika.

SBKning birlamchi va ikkilamchi profilaktikasi muhim ahamiyatga ega: Birlamchi profilaktika: aholi orasida sog'lom turmush tarzini targ'ib qilish, diabet va gipertenziya kabi xavf omillarini erta aniqlash. Ikkilamchi profilaktika: SBK aniqlangan bemorlarda kasallikning progresini sekinlashtirish – doimiy monitoring, terapevtik yondashuvga rioya qilish, nefroprotektiv dori-darmonlar bilan davolash.

Xulosa.

Surunkali buyrak kasalligi zamonaviy tibbiyotning dolzarb muammolaridan biridir. Kasallikning erta diagnostikasi va kompleks yondashuv asosida olib borilgan terapiya kasallik rivojlanishini sekinlashtirishi, bemorning hayot sifatini oshirishi mumkin. Nefrologik nazorat, hayot tarzining sog'lomlashtirilishi va doimiy tibbiy bilimlarni yangilab borish — SBKga qarshi kurashning asosi hisoblanadi.

Foydalanilgan adabiyotlar:

1. World Health Organization (WHO). Chronic kidney disease: burden, prevention, and treatment. WHO Bulletin, 2023.

2. KDIGO 2022 Clinical Practice Guideline for the Evaluation and Management of Chronic Kidney Disease. Kidney International Supplements.

3. Turgunov, A.T., Axmedov Sh. Sh. Ichki kasalliklar propedevtikasi. – Toshkent: "Tibbiyot", 2021.

4. Nefrologiya asoslari. Darslik. Tahrir hay'ati: Karimov U.B., Abdurahmonov Z.Z. – Toshkent: "Ilm ziyo", 2020.

5. Levin A., Stevens P.E., Bilous R.W. et al.

Kidney disease: improving global outcomes (KDIGO) CKD work group. Kidney Int Suppl. 2013;3(1):1–150.

6. Jafar T.H. et al. Chronic kidney disease in developing countries. New England Journal of Medicine, 2019; 380(2): 184–186.

7. Davletova S.R., Umarova M.Sh. Ichki kasalliklar: buyrak va siydik yoʻllari kasalliklari. – Toshkent: OʻzMU nashriyoti, 2022.

8. National Kidney Foundation (NKF). Clinical Practice Guidelines for Chronic Kidney Disease: Evaluation, Classification and Stratification. 2021.

9. Oʻzbekiston Respublikasi Sogʻliqni Saqlash Vazirligi. Buyrak kasalliklari boʻyicha klinik protokollar toʻplami. Toshkent, 2023.

Alfraganus universiteti Tibbiyot Farmasevtika yo'nalishi Isoqjonova Sarvinoz 2–kurs talabasi

" Farmasevt – kasbining ijtimoiy ahamiyati va undagi insoniylik ".

Hozirgi kunda ko'pchilik insonlar farmasevtni faqat dorixona ortidagi xodim sifatida ko'radi. Aslida,esa bu kasb egasi zamonaviy farmakologiyani chuqur biladi, har bir dori vositasining tarkibi, ta'siri, yon ta'siri va saqlanish sharoitini aniq tushunadi. Bemor o'z holatini noto'g'ri tushuntirgan hollarda ham, farmasevt tezkor fikrlashi, tajribasi va bilimiga tayangan holda eng maqbul yo'lni tavsiya eta oladi.

Bugungi kunga kelib, har bir kasbning o'z o'rni , va o'z yuki bor. Biroq, inson salomatligiga xizmat qiluvchi kasblar orasida farmasevtiklik kasbi alohida ahamiyatga ega. Farmasevt – bu nafaqat dori – darmon tarqatuvchi , balki , har bir bemorning sog'lig'i uchun mas'uliyatni o'z zimmasiga olgan , jamiyat salomatligini tiklashda faol ishtirok etuvchi insondir.

Ammo bu kasbning eng muhim jihati shundaki,

bu insoniylik. Bemor dorixonaga faqat dori olish uchun emas,dori tushunchasini bilish , kuchli dalda, ishonch uchun ham kiradi.Farmasevtlar esa,ko'pincha bemorlardagi, qayg'uni, uning ko'zidagi xavotirni ko'radi, ovozidagi xavfni eshitadi va bu vaqtda farmasevtlar kasalligi jiddiy bo'lgan bemorni ham ko'nglini ko'tarishga va samimiy so'zlar bilan tasalli berishga harakat qiladi . Bu oddiy savdo emas , bu – inson bilan inson orasidagi ishonch, hamdardlik timsolidir . Shuningdek , farmasevt axloqiy mas'uliyatni ham doimo yodda tutishi kerak. U hech qachon keraksiz dori tavsiya qilmaydi , foydasi isbotlanmagan preparatni reklama qilmaydi . U bemorning sog'lig'i , ijtimoiy holati, iqtisodiy imkoniyatini hisobga olib, optimal tanlov qilishga harakat qiladi.Bu nafaqat professional yondashuv , balki insoniy fazilat egasidir.

Xulosa qilib aytganda , farmasevt bu nafaqat kasb emas balki, mehr, bilim, fidoyilik va ulkan ma'suliyatni talab qiladigan kasb egasi. Bemorning dardini tinglay oladigan , unga ishonch bag'ishlay oladigan farmasevt esa – chinakam insoniylik namunasi hisoblanadi .

Mundarija

Fayzulloyev Abramat ..4

Umurbayev Rustam ..7

Kocherova Umida Anvarovna 21

Doniyorova Zulayho ..25

Sultanbayev Sanjarbek Hamdambek o'g'li ..30

Tursunqulova Ozoda ..32

Mansurova Maftuna ..35

Toshpoʻlotova Jasmina Nuriddin qizi ..43

Abduraxmanova Nozima Akbar qizi ..44

Imomova Shabnam Faxriddin qizi ..55

Berdieva Shaxnoz Qurbonniyoz qizi ..75

Norboeva Dildora ..80

Xaydarova Dilnoza ..86

Shiximova Dinora ..92

Kamolova Dilnoza	..99
Jo'raboyeva Xusnora	..111
Sa'dullayeva Saida Jasurbek qizi	..115
Urolova Nigina	..125
G'ayratova Gulrux Firdavs qizi	..130
Isoqjonova Sarvinoz	..136

www.ingramcontent.com/pod-product-compliance
Lightning Source LLC
LaVergne TN
LVHW010340070526
838199LV00065B/5761